THE HOT POT

80 Partyrezepte für Eintopfgerichte

* ***Capsaicin*** ist der Wirkstoff, der die Pflanzen der Gattung Capsicum (Chilis, Paprika) scharf macht. Dabei ist „scharf" gar keine Geschmacksrichtung im engeren Sinn. Capsaicinoide reizen die Nervenenden bestimmter Rezeptoren, die normalerweise auf Schmerz oder Hitze reagieren. Im Englischen ist diese Ähnlichkeit der Empfindungen besonders deutlich: „hot" heißt sowohl „heiß" als auch „scharf".

Capsaicin wirkt wärmend, durchblutungsfördernd, gefäßerweiternd und – nach dem Abklingen der Schärfeempfindung – schmerzlindernd und partiell dämpfend. Daher wird es in der Medizin auch als (äußerlich anzuwendendes) Mittel gegen Muskel- und Gelenkschmerzen und rheumatische Beschwerden eingesetzt.

Die durchblutungsfördernde Wirkung scharfer Gewürze macht sie auch zu natürlichen Geschmacksverstärkern, da die Reizung die Schleimhäute geschmacksempfindlicher macht. Zudem schüttet der Körper bei Schmerzen vermehrt Endorphine – körpereigene Opiate – aus. „Pepper high" wird der rauschartige Zustand genannt, der nach dem Genuss scharfer Speisen eintreten kann.

Die Schärfe von Chilis wird in Scoville-Einheiten angegeben. Die vom Chemiker Wilbur L. Scoville entwickelte Skala reicht von null Scoville Heat Units (SHU) bis 16 Millionen SHU (= reines Capsaicin in kristalliner Form). Der Scoville-Wert gibt an, mit wie vielen Teilen Wasser eine Substanz verdünnt werden muss, damit sie nicht mehr als scharf empfunden wird. Einen Tropfen Tabasco (etwa 2.500 SHU) müsste man demnach mit 2.500 Tropfen Wasser mischen, um die Schärfe nicht mehr zu spüren. „The Source", die schärfste handelsübliche Soße, hat 7,1 Millionen SHU.

PETRA HENNRICH

The HOT POT

80 PARTYREZEPTE FÜR EINTOPFGERICHTE

Pichler Verlag

Impressum

ISBN: 978-3-85431-523-0

Wien · Graz · Klagenfurt
www.ichlese.at
Grafiken, Cover- und Buchgestaltung: Petra Hennrich
Lektorat: Marion Mauthe
Druck und Bindung: Druckerei Theiss GmbH, St. Stefan im Lavanttal

Inhaltsverzeichnis

Vorwort ... 8
Der Eintopf
im Wandel der Zeiten ... 10
Die Ausrüstung ... 16
Allgemeine Hinweise ... 20

Suppen ... 25

Grundrezepte für klare Suppen ... 26
Grundrezept Gemüsesuppe ... 26
Grundrezept Hühnersuppe ... 28
Grundrezept Rindersuppe ... 29
Suppengewürz ... 31

Creme-Suppen aus aller Welt ... 32
Karotten-Ingwer-Suppe ... 33
Carrot Vichyssoise ... 34
Kürbiscremesuppe
mit Ingwer und Kokos ... 36
Sellerie-Birnen-Cremesuppe ... 38
Apfel-Sellerie-Cremesuppe ... 40
Rotkraut-Apfel-Rahmsuppe ... 41
Rote-Rüben-Apfel-Suppe mit Kren ... 42
Bäuerliche Rote-Rüben-Suppe ... 45
Gaich (Siebenbürger Krautsuppe) ... 46
Grüne Petersiliensuppe ... 48
Deftige Sauerkraut-Kartoffel-Suppe ... 49
Scharfe Paprika-Sauerkraut-Suppe ... 50
Arabische Gemüsecremesuppe ... 51
Orangen-Linsensuppe ... 52
Ägyptische Linsensuppe ... 55
Palak Shorva ... 57
Hara Shorba ... 60
Mullagatanni ... 62
Limonensuppe aus Hyderabad ... 64

Eintöpfe ... 67

... wie zu Hause ... 68

Kartoffelgulasch ... 68
Wiener Saftgulasch ... 72
Altwiener Gulaschsuppe ... 75
Fisolengulasch ... 77
Kürbisgulasch „Smashing Pumpkins" ... 78
Klausenburger Kraut ... 80
Sellerie-Kartoffel-Eintopf ... 82
Deftiger Bauerneintopf ... 83
Kraut und Rüben ... 84
Bunter Kartoffeleintopf ... 86
Altwiener Krautsuppe ... 87
Sauerkraut-Gemüse-Eintopf ... 88
Rotkraut-Eintopf ... 90
Pseudo-Borschtsch ... 91
Dillkartoffeln mit Frankfurter ... 92
Gorgonzola-Rahm-Suppe mit Birnen ... 94
Rumford-Suppe ... 96
Pichelsteiner Eintopf ... 99

... wie im Urlaub ... 101

Spanischer Gemüseeintopf ... 101
Serbische Bohnensuppe ... 102
Sardischer Gemüseeintopf ... 104
Sopa de ervilha com espinafre ... 105
Andalusischer Bohnentopf ... 106
Provenzalischer Eintopf ... 108
Tomaten-Eintopf mit Kichererbsen ... 109
Ratatouille ... 110
Minestrone ... 111
Griechische Hirtensuppe ... 114
Juvetsi ... 116
Türkischer Zucchini-Linsen-Eintopf ... 117
Maghreb-Eintopf ... 119
Callaloo ... 121
Linsensuppe „Münzenzauber" ... 122
Arabischer Kichererbsen-Eintopf mit Spinat ... 123
Chili con Carne ... 124
Chili sin Carne ... 126
Irish Stew ... 127

Würziges Indien ... 130

... wie im Orient ... 134
Dal (Indischer Linsen-Eintopf mit Gemüse) ... 135
Aloo Gobhi ... 136
Gobhi Mattar ... 137
Aloo Gobhi Variante ... 139
Kath Katha ... 140
Palak Aloo Mattar ... 142
Zucchini-Auberginen-Kichererbsen-Sabji ... 143
Thailändisches Schweinecurry ... 144
Erdnuss-Suppe ... 145
Japanische Gemüsesuppe mit Huhn ... 146
Reissuppe mit Limetten und Huhn ... 148
Chinesische Gemüsesuppe ... 149
Tom Ka Gai ... 150
Scharfe Suppe mit Mais und Glasnudeln ... 152
Gemüse-Reis-Eintopf ... 153

Beilagen ... 155

Seitan ... 157

Chutneys und Pickles ... 158
Mango-Chutney ... 159
Karotten-Chutney ... 160
Scharfes Tomaten-Chutney ... 161
Quitten-Chutney ... 162
Scharfes Zitronen-Pickle ... 163

Raitas (Indische Joghurt-Salate) ... 164
Spinat-Raita ... 165
Tomaten-Raita ... 166
Gurken-Raita ... 167
Bananen-Raita ... 168
Minze-Raita ... 169

Österreichisch-deutsches Küchenlexikon ... 171
Alle Rezepte von A bis Z ... 172

Vorwort

Es begann aus reinem Egoismus: Vor etwa drei Jahren hatte ich es satt, mich im Jazzcafé meines Freundes nur von Toast und Würsten ernähren zu können. Ich wollte etwas Gutes, Gesundes für mich, meinen Freund und ein paar liebe Nachbarn kochen. Daraus entwickelte sich bald eine Gewohnheit, und kurz darauf kochte ich bereits ein- bis zweimal wöchentlich für alle Gäste des Lokals. Um es dem Wirt möglichst leicht zu machen, konzentrierte ich mich auf Eintöpfe und Suppen, die man gut vorbereiten und leicht aufwärmen kann.

Wenn ich gerade nicht kochte, suchte ich nach neuen Rezepten und versuchte, sie für die benötigten Portionen zu adaptieren. Dabei fand ich rasch heraus, dass man Rezepte, die ursprünglich für vier Personen ausgelegt sind, nicht so einfach auf acht Liter hochrechnen kann. Oder wüssten Sie, wie viel 16 Messerspitzen eines Gewürzes sind? Oder 20 Teelöffel einer Flüssigkeit? Kann man vier Kilogramm Kartoffeln schälen, während die Zwiebeln bereits angeröstet werden? Und wohin mit all den mundgerecht geschnittenen Zutaten, bevor sie in den Topf kommen?

Nach und nach lernte ich, mit diesen großen Mengen umzugehen. Ich fand immer mehr leckere Rezepte für Eintöpfe und Suppen, die ich für meine Bedürfnisse umschrieb. Und ich lernte, dass Kochen auch ein bisschen wie

Jazz ist. Sobald man sein Instrument (Zutaten, Gewürze) beherrscht und das Grundthema (Rezept) gut genug kennt, beginnt der freie Teil: Man improvisiert, verändert, variiert; man nimmt einen Gedanken auf und spielt damit. Letztendlich ist es eine Frage des (guten) Geschmacks.

Die Gäste waren begeistert. Und so entstand nach einiger Zeit die Idee zu diesem Kochbuch. Denn was in einem kleinen Jazzlokal gut geht, sollte doch auch auf einer Party funktionieren. Und vor allem schmecken!

Ich hoffe, Ihnen mit meinen Rezepten einige Anregungen für Ihre Party-Küche geben zu können und wünsche Ihnen viel Freude beim Ausprobieren, Variieren und Improvisieren.

Petra Hennrich im Sommer 2010*

** Petra Hennrich kocht einmal pro Woche im Jazzcafé SOFA, Lindengasse 3, 1070 Wien.*

Der Eintopf im Wandel der Zeiten

Kleine Kulturgeschichte des Eintopfs

Der Begriff *„Eintopf“* für in einem Topf zubereitete, als Hauptmahlzeit dienende Suppen taucht in deutschsprachigen Kochbüchern erst im frühen 20. Jahrhundert auf. Der Duden führt das Wort seit der Ausgabe von 1934. Davor gab es regional unterschiedliche Bezeichnungen wie *„Durcheinander“* oder *„Zusammengekochtes“*.

Das Prinzip, unterschiedliche Zutaten wie Fleisch und Gemüse in einem Topf zu garen, ist freilich schon einige Jahrtausende älter. Es ist vermutlich eine der ältesten Kochtechniken überhaupt, also die Urform des Garmachens von Nahrungsmitteln. Vor der Erfindung geschlossener Herde konnte man eben nur einen großen Kessel über eine offene Feuerstelle hängen, und so kam alles Essbare in einen Topf.

Frühe Wurzeln

Ein spezieller Topf für das Kochen über offenem Feuer ist der *Dutch oven* oder *Camp oven*. Der dreibeinige gusseiserne Kessel wurde in den USA und in Australien seit dem 18. Jahrhundert zum Kochen, Braten und Backen verwendet. Viele Modelle hatten einen Deckel mit hoch gezogenem Rand, auf den man glühende Kohlen legen konnte, sodass der Topf von oben und unten beheizt wurde. Außerdem ließen sich die meisten auch an Haken über der Kochstelle aufhängen.

Ähnliche Konstruktionen sind in verschiedenen Kulturen bekannt. Im arabischen Raum bestand früher oft die gesamte Küche nur aus einer Feuerstelle und einem dreibeinigen Kochgefäß darüber. Auch im antiken Rom und Griechenland waren die Küchen der unteren Schichten so ausgestattet.

Im Norden Afrikas weit verbreitet ist die *Tajine* oder *Tagine* (sprich: *Tasch'in*), ein aus gebranntem Lehm bestehender Schmortopf mit konischem Deckel, der traditionell auf ein Holzkohlenfeuer gestellt wird. Inzwischen gibt es auch Tajines, die man auf dem Gas- oder E-Herd verwenden kann. In diesem Topf werden Eintopfgerichte besonders schonend und langsam gegart und anschließend auch serviert. Zu den Mahlzeiten sitzen alle im Kreis um die Tajine und essen gemeinsam daraus – traditionellerweise mit den Fingern beziehungsweise mit Fladenbrot als Besteck-Ersatz. Das Wort „Tajine" steht sowohl für das Gefäß als auch für die Gerichte, die darin zubereitet werden.

In manchen Gegenden hat sich eine weitere Technik bis heute gehalten: das Kochen in einem durch Holzkohlen erwärmten Erdloch. *Barbacoa* nennt man in Mexiko die traditionelle Zubereitung von Fleischstücken, Hühnern oder ganzen Schafen in einem Erdloch, das durch Holzkohlen erwärmt wird.

Barbacoa wurde bereits von den vorkolumbischen Völkern praktiziert. Bei der Jagd erlegte Tiere sowie Fisch und Truthahn wurden zusammen mit Bohnen und Gemüse in Agaven- oder Bananenblätter gewickelt und in eine Grube gelegt. In der Grube befanden sich glühende Holzkohle sowie heiße Steine, die zuvor in dem Feuer erhitzt worden waren. Der Garvorgang in dieser Grube dauerte mehrere Stunden.

Für Barbacoa wird zunächst eine Grube von etwa einem Meter Tiefe ausgehoben. Der Durchmesser der Grube richtet sich dabei nach den zu garenden Fleischstücken. Auf den Boden der Grube werden große Steine gelegt, über denen ein Holzfeuer entzündet wird. Das Feuer muss so lang brennen, bis genügend glühende Holzkohle entstanden ist. Im Anschluss wird die glühende Holzkohle mittels einer Schaufel mit den Steinen in der Grube gemischt und mit einem Gitter abgedeckt.

Für „Barbacoa de borrego“ (Barbacoa aus Schafsfleisch) wird auf dieses Gitter ein großes Gefäß mit verschiedenen Gemüsesorten, Kräutern und etwas Wasser gegeben. Über dieses Gefäß wird ein zweiter Rost gelegt, worauf das zuvor ausgenommene Schaf, das in Agaven- oder Bananenblätter gewickelt wurde, gelegt wird. Durch die Agaven- bzw. Bananenblätter erhält das Fleisch ein rauchiges und rustikales Aroma.

Aus dem Fett, das während des Garvorgangs aus dem Schaf in die Schale mit Gemüse tropft, wird später eine Suppe, die so genannte „Consomé“ hergestellt. Abschließend wird das Ganze mit Erdreich zugeschüttet.

Je nach Region variieren die Zubereitungsarten. Im Bundesstaat Yucatán zum Beispiel wird bei der Zubereitung von „Cochinita pibil“ (Spanferkel) das zuvor mehrere Stunden marinierte Spanferkel zusammen mit diversen Zutaten in einer Kasserolle in der Grube gegart.

(Quelle: http://www.mexiko-lexikon.de)

Auf einem ähnlichen Prinzip beruht der indische *Tandoor*, in dem aber keine Eintopfgerichte zubereitet werden. Im Tandoor werden vor allem Fladenbrote wie *Nan* oder *Chapati* gegart, die dazu an die heißen Seitenwände des Ofens geklebt werden, sowie verschiedene Fleischgerichte wie das berühmte *Tandoori-Huhn*. Für dieses wird das Fleisch einige Stunden in einer Mischung aus Joghurt, Gewürzen und weiteren Zutaten mariniert, wodurch es die typische orangerote Farbe erhält. Danach werden die Fleischstücke auf Spieße gesteckt, die in den Ofen gestellt werden.

Einsatz in der Feldküche

Die 1867 vom deutschen Koch und Konservenfabrikanten *Johann Heinrich* entwickelte *Erbswurst* gilt als eines der ersten industriell hergestellten Fertiggerichte. In Wasser aufgekocht kann aus ihr in kurzer Zeit eine sämige Erbsensuppe hergestellt werden. Dieser Umstand machte die Erbswurst vor allem für das Militär äußerst attraktiv. Während des Deutsch-Französischen Krieges wurden vom preußischen Staat, an den Heinrich seine Erfindung verkauft hatte, täglich bis zu 5.000 Tonnen Erbswurst hergestellt. 1889 übernahmen die *Brüder Knorr* die Produktion der Fertigsuppe, die noch heute unter ihrer Marke angeboten wird.

Um 1900 eroberte eine weitere Erfindung die Welt der Soldaten: der *Feldkochherd*, auch liebevoll *Gulaschkanone* genannt. Die Gulaschkanone ist eine auf einem Anhänger montierte Feldküche, bestehend aus einem oder mehreren integrierten Kesseln und einer Feuerstelle. Erfunden wurde die mobile Küche von *Karl Rudolf Fissler*, Begründer der *Firma Fissler* in Idar-Oberstein.

Von besonderem Vorteil war unter anderem der Umstand, dass die Speisen auch während der Truppenbewegung gekocht beziehungsweise warm gehalten werden konnten. Das Gerät wurde erstmals im Ersten Weltkrieg verwendet und spielt noch heute beim Militär und im Katastrophenschutz eine wichtige Rolle.

Der Spitzname *Gulaschkanone* kommt übrigens von dem langen schwarzen Rauchabzug, der nach hinten umgeklappt werden kann, wenn das Gerät nicht in Gebrauch ist. So zusammengelegt sieht der Feldkochherd tatsächlich einer Kanone sehr ähnlich.

Ideologisierung einer Kochtechnik

Im 19. Jahrhundert sah das Bürgertum Deutschlands den Begriff *Hausmannskost* als Gegensatz zur angeblich überfeinerten französischen Küche an. Die einfache Kost wurde in einen positiven Zusammenhang mit dem aufrechten *Deutsch- und Biedersinn* gebracht.

> *„Der Eintopf erscheint als Gemeinschaftsessen in einem Assoziationsfeld pfadfinderhaften Soldatenlebens. […] In der durchaus demokratischen Volksfesttheorie des beginnenden 19. Jahrhunderts wird mehrfach die Vorstellung von einem gemeinsamen und gleichen Essen formuliert, durch das soziale Unterschiede zugunsten der nationalen Gemeinsamkeit aufgehoben werden sollen."* (Konrad Köstlin, Der Eintopf der Deutschen, S. 224)

Auf diese bürgerlichen Vorstellungen stützten sich die Nationalsozialisten, die das gemeinsame Essen aus einer Schüssel zum agrar-romantischen Gemeinschaftstopos erhoben.

1933 wurde der *Eintopfsonntag* eingeführt. Alle Bürger waren aufgefordert, an je einem Sonntag der Monate Oktober bis März das übliche Fleischgericht durch einen Eintopf zu ersetzen und das so eingesparte Geld dem Winterhilfswerk zur Verfügung zu stellen. Der Eintopfsonntag wurde nicht nur zu Hause und in Gaststätten, sondern auch demonstrativ in der Öffentlichkeit durchgeführt.

> *„[Er] wurde zur nationalen Feier, wurde zum politischen Schauspiel auf Straßen und Plätzen mit Transparenten, Sammelbüchsen und Feldküchen."*
> (Konrad Köstlin, Der Eintopf der Deutschen, S. 234)

Propaganda-Flyer, 1933

So wurden etwa auf dem Potsdamer Platz in Berlin lange Tischreihen aufgestellt, das Essen wurde aus einer Gulaschkanone ausgegeben.

Der Eintopf heute

Heute geht es in unseren Töpfen bunter und exotischer zu. Vom „deutschen Biedersinn" ist seit den öffentlichen Straßenfesten der 1970er Jahre zum Glück kein Nachgeschmack zurückgeblieben. Durch die günstigen und leicht zuzubereitenden Schmorgerichte aus aller Welt holen wir uns den Geschmack der Ferne und die archaisch anmutende Zubereitungsart heute wieder gern in unsere Küchen und Esszimmer.

Besonders beliebt sind Eintöpfe bei Partys, wo der blubbernde Topf in der Küche oft ungewollt zum kommunikativen Zentrum des Festes wird. Auch wenn wir nicht mehr über offenem Feuer kochen: Der Anziehungskraft eines großen Topfes dampfender Suppe können wir uns nur schwer entziehen.

Die Ausrüstung

Was Sie unbedingt in Ihrer Küche haben sollten.

Der Topf

Zunächst einmal benötigen Sie einen großen Topf mit gut schließendem Deckel. Neun Liter sollte er mindestens fassen. Ich verwende Töpfe aus Edelstahl, Sie können aber auch einen emaillierten Topf benutzen.

Eintopf oder Zweitopf?
Für einige Gerichte benötigen Sie einen weiteren Topf oder eine große Rührschüssel, um zum Beispiel Zutaten zwischenzulagern, Suppe abzuseihen oder Gemüse zu pürieren. Ich habe mehrere baugleiche Töpfe mit gleichem Fassungsvermögen. Das ist ganz praktisch, da ich auf diese Weise gleich sehen kann, wie viel einer Zutat ich schälen oder schneiden muss.

Eine Pfanne

Für einige (vom allem indische) Gerichte brauchen Sie noch eine kleine beschichtete Pfanne zum Anrösten von Gewürzen.

Ein paar scharfe Messer

Scharfe Messer sind Ihr wichtigstes Werkzeug. Hier sollten Sie auf keinen Fall sparen. Manche Köche haben eine Vielzahl unterschiedlichster Messer für verschiedene Anforderungen. Ich komme mit drei Messern aus:

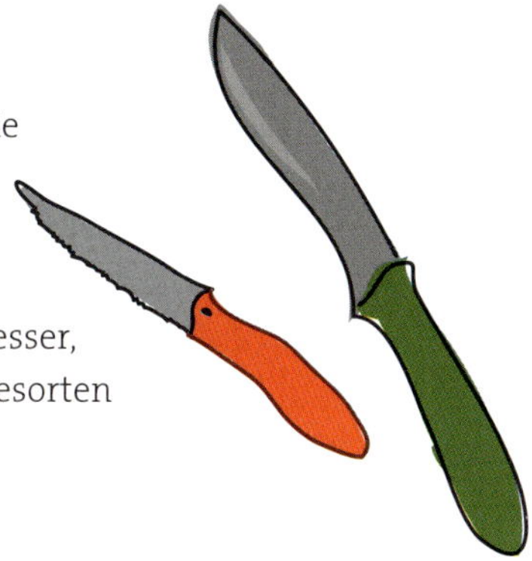

- einem mittelgroßen Allzweckmesser, das für die meisten Arbeiten geeignet ist,
- einem kleinen Wellenschliffmesser, das ich vor allem für Tomaten und Ähnliches verwende,
- und einem großen, wirklich scharfen Fleischmesser, das ich auch für besonders „wehrhafte" Gemüsesorten wie Kürbis oder Sellerie einsetze.

Ein Schneidbrett

Wer gute, scharfe Messer besitzt, sollte auch ein Schneidbrett haben. Das schont nicht nur die Arbeitsfläche Ihrer Küche, sondern auch die Messerklingen. Neuerdings gibt es überall dünne, biegsame Plastikbretter, mit denen man das Geschnittene besonders einfach in den Topf bekommt. Sie lassen sich außerdem besser reinigen als Holzbretter.

Der Sparschäler

Sparschäler lassen sich in zwei Kategorien einteilen: Jene, bei denen die Klinge der Länge nach parallel zum Griff liegt, und jene, bei denen die Klinge quer liegt.

Ich persönlich verwende gern den querliegenden „Schweizer Sparschäler" mit beweglicher Klinge. Wenn Sie vorhaben, öfter für viele hungrige Gäste zu kochen, sollten Sie sich beim Kauf Ihres Sparschälers Zeit lassen und einige Modelle ausprobieren, bis Sie einen gefunden haben, der Ihnen gut in der Hand liegt.

Ein laaaanger Kochlöffel

Je größer der Topf, desto länger muss der Kochlöffel sein. Sonst versinkt er nämlich im Gargut. Lachen Sie nicht, ist mir schon passiert. Holzlöffel sind günstig, brechen aber relativ leicht. Ich verwende sie trotzdem recht gern und habe immer einige Ersatzlöffel in der Küchenlade. Unverwüstlich sind Löffel mit Edelstahlstiel.

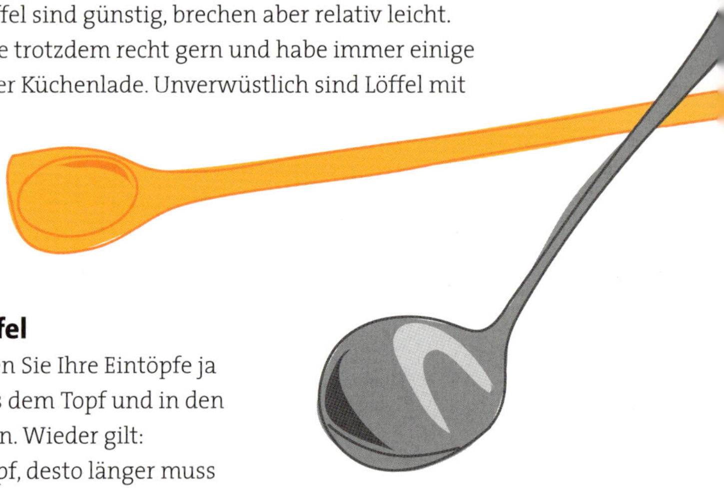

Ein Schöpflöffel

Irgendwie wollen Sie Ihre Eintöpfe ja auch wieder aus dem Topf und in den Teller bekommen. Wieder gilt: Je größer der Topf, desto länger muss der Löffelstiel sein.

Stabmixer, Pürierstab oder Mixer

Bei vielen Gerichten benötigen Sie einen Stabmixer, Pürierstab oder Standmixer. Für Cremesuppen sind diese Hilfsmittel sogar unerlässlich.

Dosenöffner

Auch wenn Sie keine Dosensuppen kochen, müssen Sie doch ab und zu Dosen öffnen wie eine solche mit geschälten Tomaten, Mais oder Bohnen. Versuchen Sie nicht, eine solche Aktion mit einem Messer oder einer Schere zu beginnen. Das geht schief. Glauben Sie mir.

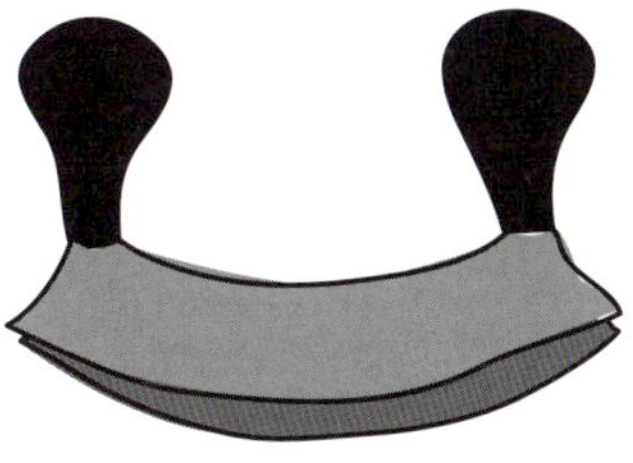

Gut zu haben, aber nicht unbedingt notwendig: Knoblauchpresse und Kräuterwiege

Eine Kräuterwiege ist eine tolle Sache. Aber es geht auch mit einem großen Messer mit gerundeter Klinge. Auch Knoblauch lässt sich leicht mit einem kleinen Messer hacken. Praktisch ist eine Knoblauchpresse dennoch. Wenn Sie häufig kochen, legen Sie sich beides zu. Wenn nicht, sparen Sie das Geld (und kaufen Sie stattdessen bessere, schärfere Messer).

Allgemeine Hinweise

Suppe oder Eintopf?

Wann ist eine Suppe eine Suppe, und ab wann wird sie zum Eintopf? Dies ist eine Frage, die im SOFA heftig diskutiert wurde. Manche meinen, einen Eintopf müsse man mit der Gabel essen können. Alles, was zu viel Flüssigkeit enthält und dadurch eines Löffels bedarf, falle daher unter die Kategorie „Suppe". Im Gegensatz dazu ist laut Wikipedia ein hoher Flüssigkeitsanteil sogar notwendig, um ein Gericht im deutschen Sprachgebrauch als Eintopf bezeichnen zu können. Wer hat Recht?

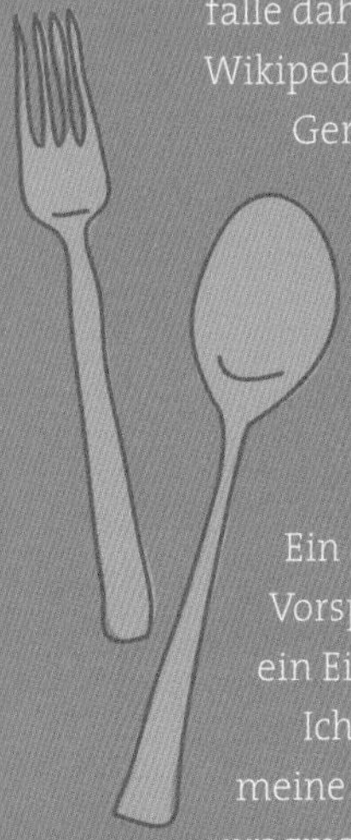

Und was geschieht, wenn ich eine Speise zwar mit der Gabel essen könnte, aber den Löffel bevorzuge? Wird das Gericht durch den bloßen Gebrauch des Bestecks vom Eintopf zur Suppe?

Ein anderes oft genanntes Kriterium ist die Eignung als Vorspeise: eine Suppe sei vor der Hauptmahlzeit einzunehmen, ein Eintopf sei die Hauptmahlzeit.

Ich möchte in dieser Frage nicht die Richterin spielen. Daher ist meine Einteilung der Rezepte in diesem Kochbuch sehr simpel und pragmatisch: Es gibt Eintöpfe – und es gibt *Creme*-Suppen. Letztere zeichnen sich dadurch aus, dass die namengebenden Zutaten ganz (oder zum Großteil) püriert werden, sodass kaum bis gar keine festen Bestandteile übrig bleiben.

Alles, worin überwiegend erkennbare Stücke von Gemüse, Fleisch, Hülsenfrüchten oder Teigwaren schwimmen, ist daher ein Eintopf, ungeachtet der Besteckbenutzung. Letztlich kommt es auf die Menge der Flüssigkeit an, die Sie zugeben, wie viel Bewegungsfreiheit die Zutaten im Topf oder auf dem Teller noch haben.Wobei die Eintopfrezepte in diesem Buch ohnedies sehr magen- (und teller-)füllend ausgelegt sind und sich daher nicht als Vorspeise eignen. Zumindest dieses Kriterium scheint daher erfüllt.

Wie viele Gäste kann ich zur Party einladen?

Gute Frage. Das kommt vor allem darauf an, wie hungrig Ihre Gäste sind und wie gut es ihnen schmeckt. Die Eintopfrezepte ergeben eine Menge von etwa acht bis neun Litern. Damit bekommen Sie mindestens 16 Personen satt. Auch mehr, wenn Ihre Gäste auf Diät sind oder Sie noch andere Kleinigkeiten zum Essen anbieten.

Bei den Suppen kommen Sie auf etwa sechs bis sieben Liter. Das sollte auch für den Suppengusto von etwa 16 Personen reichen, da man von einer Suppe meist weniger isst als von einem Eintopf.

Manchmal werde ich gefragt, ob man auch einfach weniger kochen kann, indem man die Mengen in den Rezepten halbiert oder viertelt. Natürlich kann man das. Theoretisch. Praktisch sind die Rezepte jedoch für große Mengen optimiert. Das betrifft nicht nur die Zutaten, sondern vor allem auch die Abläufe. Außerdem schmecken Eintöpfe einfach besser, wenn sie in größeren Mengen zubereitet werden. Aber natürlich können Sie mit den Mengen experimentieren.

Wann ist das Essen fertig?

Ich habe in diesem Buch absichtlich auf die Angabe absoluter Kochzeiten (inklusive Vorbereitung) verzichtet, da diese primär davon abhängen, wie schnell Sie putzen, schälen und schneiden. Und ob Sie dies alleine tun oder im Team. So um die zwei Stunden sollten Sie insgesamt schon einrechnen, oft auch mehr. Da aber die meisten Eintöpfe ohnedies aufgewärmt noch besser schmecken, empfiehlt es sich, die Gerichte vorzubereiten und erst beim Eintreffen der ersten Gäste aufzuwärmen. So vermeiden Sie Stress und können sich selbst in aller Ruhe auf die Party vorbereiten.

„Aktion scharf" im Partykochtopf

Das Schärfe-Empfinden ist bei jedem Menschen anders. Das liegt nicht zuletzt daran, dass man sich an Schärfe „gewöhnen" kann. Das bedeutet, dass die Rezeptoren im Mund eine gewisse Toleranz gegen Schärfe entwickeln können.

Ich koche sehr gern scharf, und zum Glück liegt das den meisten meiner Gäste auch. Daher verwende ich bei fast allen Gerichten etwas Chilipulver, auch wenn dies im Originalrezept gar nicht vorgesehen ist. Ich mag es eben so. Sie können das natürlich so halten, wie Sie wollen.

Noch ein paar Worte zum Chilipulver: *Vergessen Sie das rötliche Pulver, das Sie im Supermarkt bekommen. Das kann gar nichts. Ich kaufe mein Chilipulver beim Inder meines Vertrauens. Das ist wirklich scharf. Für einen großen Eintopf benötige ich davon lediglich ein bis zwei Teelöffel. Gute Produkte kann man auch im Internet finden.*

Wenn Sie es scharf mögen, aber nicht sicher sind, ob Ihre Gäste das auch so gut vertragen, können Sie eine mildere Variante kochen und für sich selbst und Gleichgesinnte scharfe Soßen zum Nachwürzen bereit stellen. Oder Sie kochen konsequent scharf, bieten aber dazu Joghurtsalate oder Ähnliches zum „Löschen" an.

Apropos „Löschen": *Wasser hilft da leider gar nicht. Im Gegenteil: Es kann Capsaicin nicht lösen, sondern verteilt es nur gut im ganzen Mundraum. Capsaicin ist fettlöslich, daher empfehlen sich Milchprodukte wie Joghurt oder Sauerrahm, die emulgiertes Fett enthalten und den Wirkstoff auflösen. Angeblich soll auch eine zehnprozentige Zuckerlösung helfen, aber das habe ich noch nie ausprobiert.*

Finger weg von Brühwürfel, Flüssigwürze, Fertigsaucen!

Die meisten der hier beschriebenen Rezepte kommen ohne Zusatz von Suppenwürfeln oder Ähnlichem aus. Es werden so viel gutes Gemüse und Gewürze angegeben, dass sich der Geschmack schon allein durch diese Zutaten entfalten kann. Nur bei ganz wenigen Rezepten müssen Sie ein bisschen tricksen.

Aber natürlich können Sie nach Geschmack jedes Gericht mit Suppenwürze verfeinern. Am besten verwenden Sie dazu nicht gekaufte Suppenwürfel sondern selbst gemachte! Wie das geht, erfahren Sie ab Seite 26.

„Nichts trennt uns so sehr wie die gemeinsame Sprache" ...

... soll Karl Kraus einst über die Deutschen und die Österreicher gesagt haben. Und in kaum einem Bereich fällt dieser Umstand so stark auf wie beim Essen, möchte ich hinzufügen. Karfiol oder Blumenkohl? Karotten oder Möhren? Schlagobers oder Sahne?

Diese und ähnliche Fragen habe ich mir beim Schreiben dieses Buches immer wieder gestellt. Natürlich ist es mein Anliegen, von allen Leserinnen und Lesern verstanden zu werden. Dennoch: Ich komme aus Wien, und meine Herkunft kann ich nicht verleugnen.

Daher finden Sie im Anhang ein kleines österreichisch-deutsches Küchenlexikon zum Nachschlagen. Besonders wichtige Wörter sind oft auch gleich beim Rezept „zweisprachig" angeführt, um Ihnen das Blättern zu ersparen.

Abkürzungen

EL = Esslöffel
TL = Teelöffel
Msp. = Messerspitze
g = Gramm
kg = Kilogramm

Suppen

Grundrezept **Gemüsesuppe**

Zutaten:

4 Zwiebeln	Öl
4 Karotten	3 Tomaten
2 Petersilienwurzeln	1 Bund Petersilie
2 Kohlrabi	4 Lorbeerblätter
2 Selleriestangen	2 TL Pfefferkörner
1 Lauchstange	10 Wacholderbeeren
1 Sellerieknolle	Salz

Zubereitung:

→ Zwiebeln, Karotten, Petersilienwurzeln, Kohlrabi, Selleriestangen, Lauch und Sellerie waschen, schälen und grob würfeln.

→ Ein wenig Öl in einem Topf erhitzen und das Gemüse darin kurz andünsten. Mit 4 Liter Wasser ablöschen.

→ Tomaten waschen und vierteln, Petersilie waschen und grob hacken. Tomaten, Petersilie, Lorbeer, Pfefferkörner und Wacholderbeeren zugeben. Alles aufkochen lassen und 2 bis 3 Stunden bei geringer Hitze offen köcheln lassen.

→ Anschließend die Suppe durch ein Sieb abgießen und mit Salz würzen.

Das Gemüse können Sie nur noch zum Kompostieren verwenden. Durch die lange Kochzeit sind sämtliche Geschmacksstoffe in die Suppe übergegangen. Das Gemüse ist – so zusagen – tot gekocht.

→ Nach dem Erkalten bildet sich an der Oberfläche eine dünne Fettschicht. Diese können Sie leicht mit einem Schaumlöffel entfernen, wenn Sie die Suppe einfrieren wollen (siehe Tipp auf Seite 30).

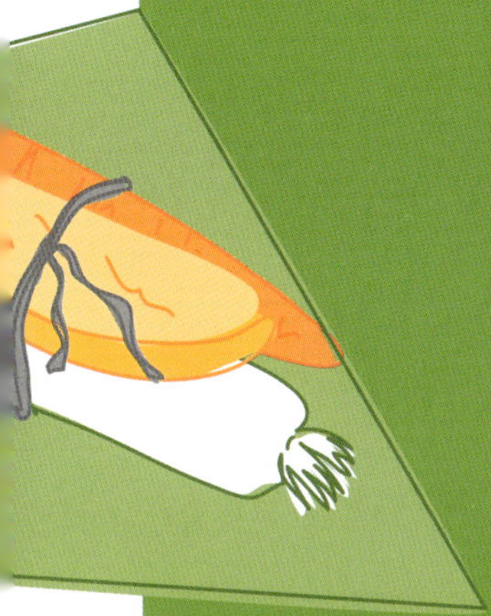

Ich persönlich verwende fast ausschließlich Gemüsesuppe. Auch zum Verbessern von Fleischgerichten. Der Geschmack von Rinder- oder Hühnersuppe ist mir zu intensiv. Aber für alle Freunde der Rinder- oder Hühnersuppe folgen hier dennoch zwei einfache Grundrezepte.

Hühnersuppe
Grundrezept

Zutaten:
2 Zwiebeln
Öl
1 Suppenhuhn
2 Karotten
2 Lauchstangen
1 Bund Petersilie
2 Lorbeerblätter
2 TL Pfefferkörner
1 Msp. Muskat
Salz

Wer mit der Anatomie eines Suppenhuhnes nicht so gut vertraut ist, lasse sich das Tier vom Fleischer vorher zerlegen. Oder kaufen Sie abgepackte Hühnerteile. Wenn Ihnen das Sezieren toter Tiere nichts ausmacht, können Sie das natürlich auch selbst erledigen.

Zubereitung:
→ Die Zwiebeln schälen und halbieren. Öl in einem hohen Topf erhitzen und die Zwiebelhälften darin mit der Schnittfläche nach unten scharf anbraten. Zwiebeln entnehmen und beiseite stellen.
→ Das Suppenhuhn gut waschen und zerteilen. Hühnerteile goldbraun anbraten, mit 4 Litern Wasser aufgießen, zum Kochen bringen und bei schwacher Hitze etwa ½ Stunde köcheln lassen.
→ In der Zwischenzeit die Karotten schälen und grob würfeln. Den Lauch gründlich waschen und in dicke Ringe schneiden. Die dunkelgrünen Enden dabei entfernen. Petersilie waschen und grob hacken.
→ Das Gemüse, die angebratenen Zwiebelhälften und die Gewürze zur Suppe geben und 2 Stunden offen köcheln lassen.
→ Die Suppe durch ein feines Sieb abgießen und abkühlen lassen. Dabei bildet sich oben eine Fettschicht, die Sie mit dem Schaumlöffel leicht entfernen können.

Rindersuppe Grundrezept

Zutaten:

4 Zwiebeln
Öl
1 kg Rindfleisch (für Suppe)
½ kg Rinderknochen
1 Karotte
1 Sellerieknolle
2 Petersilienwurzeln
1 Lauchstange
2 Tomaten
4 Lorbeerblätter
2 TL Pfefferkörner
Salz

Zubereitung:

→ Zwiebeln schälen und halbieren. Öl in einem hohen Topf erhitzen und die Zwiebelhälften darin mit der Schnittfläche nach unten scharf anbraten.
→ Das Fleisch waschen und grob zerteilen. Fleisch und Knochen zu den Zwiebelhälften geben und kurz mitbraten. Dann mit 4 Litern Wasser aufgießen, zum Kochen bringen und etwa 1 bis 2 Stunden bei kleiner Hitze köcheln lassen.

Wenn Sie gutes, teures Fleisch verwenden, möchten Sie dieses wahrscheinlich später auch noch essen. In diesem Fall geben Sie es erst zur Suppe, wenn diese bereits kocht.

→ In der Zwischenzeit das Gemüse waschen. Karotte, Sellerieknolle und Petersilienwurzeln schälen. Tomaten blanchieren und schälen. Alles grob würfeln. Lauch in Ringe schneiden. Gemüse und Gewürze zur Fleischsuppe geben und eine weitere Stunde köcheln lassen. Mit Salz abschmecken.
→ Die Suppe durch ein Sieb abgießen und abkühlen lassen. Das Fett, das nach dem Erkalten der Suppe an der Oberfläche schwimmt, können Sie einfach mit einem Schaumlöffel entfernen.

Was tun Sie nun mit all der guten Suppe, die Sie eben gekocht haben? Nun, Sie können damit jedem Eintopf in diesem Kochbuch den letzten Schliff verleihen. Aber natürlich nicht mit dem ganzen Suppentopf! – Also müssen Sie die Suppe aufbewahren. Und zwar in Ihrem Gefrierfach. Um dieses nicht über Gebühr mit Suppe anzufüllen, sollten Sie die Flüssigkeit noch reduzieren.

Stellen Sie also die entfettete Suppe nochmals auf den Herd und lassen Sie sie bei offenem Topf so lange köcheln, bis nur noch etwa die Hälfte davon übrig bleibt. Das dauert etwas, aber die Suppe kann ja nicht anbrennen. Das heißt, Sie können sie getrost allein lassen.

Danach lassen Sie den so entstandenen Suppenextrakt abkühlen und füllen ihn dann in Eiswürfelbehälter oder -beutel ab. Die Würfel aus den Behältern können Sie nach dem Erstarren herausstürzen und in Frischhaltefolie packen. Die in den Beuteln entstehenden Eis-Linsen (denn Würfelförmiges entsteht in den Beuteln nicht) lassen Sie, wo sie sind.

Verwenden Sie je nach Geschmack ein bis zwei Suppen-Eis-Würfel oder -Linsen zum Verfeinern Ihrer Eintöpfe und Suppen.

Suppengewürz

Zutaten:

4 Bund Petersilie
1 Sellerieknolle
2 Petersilienwurzeln
2 Karotten
2 Zwiebeln
4 Tomaten
2 Lauchstangen
1 kg Salz

Zubereitung:

→ Petersilie waschen, gut abtropfen lassen und die Blätter hacken.

→ Sellerieknolle, Petersilienwurzeln, Karotten und Zwiebeln schälen und grob schneiden.

→ Die Tomaten waschen und vierteln. Lauch gründlich waschen und in Ringe schneiden. Dabei die unschönen dunkelgrünen Enden entfernen.

→ Alle Zutaten bis auf das Salz im Mixer pürieren.

→ Salz zugeben, durchmischen und in gut schließende Gläser füllen.

1 TL entspricht in etwa einem Suppenwürfel.

Dieses Suppengewürz hält sich gut verschlossen einige Monate. Sie können es an Stelle von Suppenwürfeln verwenden, wann immer Sie ein Gericht verfeinern möchten.

Creme-Suppen

Creme-Suppen haben eines gemeinsam: Sie müssen püriert werden. Dies gelingt am besten mit einem Stabmixer oder Pürierstab. Allerdings ist es wichtig, zuvor einen Großteil der im Topf befindlichen Flüssigkeit abzuschütten oder -löffeln. Sonst ist es etwas schwierig, die in der Suppe schwimmenden Gemüsestücke zu erwischen.

Manche Köche streichen die Suppe anschließend noch durch ein Sieb, damit kein, aber auch gar kein größeres Gemüsestück übrig bleibt. Ich persönlich tue das nicht. Ich finde es in Ordnung, wenn in der Cremesuppe noch ein paar kleine festere Bestandteile schwimmen. Man darf ruhig wissen, dass hier mit echtem Gemüse gekocht wird.

Karotten-Ingwer-Suppe

Zutaten:

4 Zwiebeln
4 Knoblauchzehen
1 Hühnerei-großes Stück Ingwer
Öl
2 kg Karotten
1 kg mehlige Kartoffeln
1 TL Gelbwurz
2 TL Chilipulver
400 ml Schlagobers (süße Sahne)
Salz
Zitronensaft
Honig

Für eine etwas leichtere, fruchtigere Variante ersetzen Sie den Schlagobers durch die gleiche Menge (oder nach Geschmack auch etwas mehr) Orangensaft. Ganz besonders lecker mit einem Klecks (indisch gewürztem) Joghurt oder Raita (siehe Rezepte ab Seite 164).

Zubereitung:

→ Zwiebeln, Knoblauch und Ingwer schälen und fein kacken. Öl im 9-Liter-Topf erhitzen und alles darin glasig dünsten.

→ Karotten und Kartoffeln schälen und grob würfeln. Zusammen mit den Gewürzen zu den Zwiebeln geben, gut durchrühren, mit Wasser aufgießen und zum Kochen bringen. Etwa 20 bis 30 Minuten kochen, bis das Gemüse weich ist.

→ Die Flüssigkeit abgießen und beiseite stellen. Das Gemüse mit dem Stabmixer pürieren, dann die Suppe wieder zurückgießen, Schlagobers zugeben, alles mit dem Besen gut durchrühren und mit Wasser bis zur gewünschten Konsistenz verdünnen. Mit Salz, Zitrone und Honig abschmecken.

→ Zum Servieren mit grob gestoßenen Gewürzen bestreuen.

Carrot Vichyssoise

Feine französische Karottensuppe

Zutaten:

4 Lauchstangen
Öl
4 Stück Sternanis
4 Zimtstangen
1 Msp. Piment (Neugewürz)
1 ½ kg Karotten
1 ½ kg mehlige Kartoffeln
400 g Crème Fraîche
Salz
Pfeffer
Chilipulver nach Geschmack
Zitronensaft

Zubereitung:

→ Vom Lauch die hellen Teile sehr fein schneiden. Wenig Öl im 9-Liter-Topf erhitzen und Lauch und Gewürze darin dünsten, bis der Lauch glasig ist.

→ In der Zwischenzeit die Kartoffeln und Karotten schälen und fein würfeln. Dem Lauch beifügen und kurz mitdünsten. Dann mit Wasser aufgießen, sodass alles gerade eben bedeckt ist, und köcheln, bis das Gemüse weich ist. Das wird je nach Größe der Würfel etwa 20 bis 25 Minuten dauern.

→ Den Großteil der Flüssigkeit abgießen und beiseite stellen. Das Gemüse mit dem Stabmixer zu einem feinen Brei pürieren. Danach die Flüssigkeit wieder in den Topf leeren, etwas Wasser zugießen und alles mit dem Schneebesen verrühren. Nochmals kurz aufkochen lassen, danach die Hitze reduzieren.

→ In einer kleinen Schüssel die Crème Fraîche mit etwas Suppe glatt rühren und die Mischung unter ständigem Rühren in den Topf gießen. Mit Salz, Pfeffer, Chilipulver und Zitronensaft abschmecken.

→ Warm oder eiskalt servieren.

Karottenscheiben haben die lästige Angewohnheit, beim Schneiden vom Brett zu rollen oder zu springen. Mit diesem kleinen Trick können Sie sie bändigen: Legen Sie einen länglichen Gegenstand, beispielsweise ein zweites Messer, an den Rand des Brettes, an dem die Karottenscheiben entkommen wollen. Wenn Sie Rechtshänder sind, ist dies der rechte Rand. So bauen Sie den Karottenstücken eine Barriere, die sie nicht so leicht überwinden können.

Kürbiscremesuppe
mit Ingwer und Kokos

Zutaten:
3 ½ kg Kürbis
½ kg mehlige Kartoffeln
4 Zwiebeln
1 Hühnerei-großes Stück Ingwer
2 Dosen Kokosmilch (à 400 ml)
1 TL Chilipulver
1 Msp. Muskat
1 Msp. Gelbwurz
1 TL Kreuzkümmel
1 Msp. Piment (Neugewürz)
Salz

Dekoration:
1 Becher Sauerrahm
Kürbiskerne
Kernöl

Verwenden Sie für dieses Rezept am besten den leicht süßlichen Butternusskürbis oder einen Hokkaidokürbis. Letzterer hat den nicht zu unterschätzenden Vorteil, dass man ihn nicht schälen muss. Sie müssen lediglich etwaige unschöne Stellen herausschneiden, der Rest wird beim Kochen wunderbar weich. Und da wir die Suppe ohnedies pürieren, sieht man von den Schalen rein gar nichts. Außerdem haben Hokkaidos ein herrliches, nussiges Aroma.

Zubereitung:

→ Kürbis (je nach Sorte) schälen, entkernen und grob würfelig schneiden. Kartoffeln schälen und würfeln. Beides in einem großen Gefäß (beispielsweise einem zweiten 9-Liter-Topf) beiseite stellen.

→ Zwiebeln schälen und grob hacken. Da wir die Zutaten später pürieren, müssen Sie hier nicht allzu genau vorgehen. Anders ist dies beim Ingwer, den Sie schälen und sehr fein hacken müssen. Küchenmaschinen tun sich mit der fasrigen Struktur des Ingwers wirklich schwer, also ist hier Handarbeit angesagt.

→ Kokosmilch vorsichtig öffnen, den dicken Rahm abschöpfen und im 9-Liter-Topf erhitzen.

> ***Achtung:*** *Das funktioniert nur mit der Dosenmilch; Kokosmilch im Tetrapak hat keine dicke Rahmschicht!*

→ Zwiebeln, Ingwer und Gewürze in der Kokossahne schmoren lassen. Dabei ständig umrühren. Nach etwa drei Minuten die Kürbis- und Kartoffelwürfel zugeben und kurz mitdünsten lassen. Danach die restliche Kokosmilch zugeben, alles mit Wasser bedecken und 20 bis 30 Minuten weich kochen.

> *Nun haben Sie etwas Zeit, um Getränke einzukühlen, das Wohnzimmer aufzuräumen oder den Raum zu dekorieren. Werfen Sie sich aber noch nicht in Ihr Party-Outfit, beim Pürieren der Suppe könnte es nochmal ordentlich spritzen!*

→ Wenn die Kürbis- und Kartoffelwürfel schön weich sind, leeren Sie den Großteil der Flüssigkeit vorsichtig durch ein Sieb in ein großes Gefäß um und stellen Sie sie beiseite.

→ Pürieren Sie das Gemüse mit dem Stabmixer zu einem feinen Brei. Wenn der Kürbis wirklich weich ist, geht das ruck-zuck. Danach die Flüssigkeit wieder in den Topf leeren, gut umrühren und bei Bedarf noch etwas Wasser zufügen. Mit Salz und Pfeffer nachwürzen.

→ Servieren Sie die heiße Suppe mit einem Klecks Sauerrahm, einigen Tropfen Kernöl und garnieren Sie mit ein paar Kürbiskernen.

Sellerie-Birnen-Cremesuppe

Zutaten:

4 Zwiebeln
1 mittelgroßes Stück Ingwer
2 Sellerieknollen
4 Karotten
2 TL gemahlener Kümmel
4 Lorbeerblätter
4 Birnen
Salz
Pfeffer
Chilipulver nach Geschmack
400 ml Crème Fraîche

Dekoration:

4 EL gehackte Petersilie
Kümmelsamen

Zubereitung:

→ Zwiebeln und Ingwer schälen. Zwiebeln grob, Ingwer möglichst fein hacken. Öl im 9-Liter-Topf erhitzen und Zwiebeln und Ingwer darin anrösten.

→ Sellerie und Karotten schälen und würfelig schneiden. Der Zwiebelmischung zufügen, mit Wasser aufgießen, sodass das Gemüse bedeckt ist, Kümmel und Lorbeerblätter beifügen, alles aufkochen lassen und etwa 25 Minuten köcheln lassen.

→ Birnen schälen, vierteln, entkernen und gegen Ende der Garzeit zum Gemüse geben.

→ Flüssigkeit abschütten und beiseite stellen. Lorbeerblätter entfernen und das Gemüse mit dem Stabmixer pürieren. Danach die Flüssigkeit zurückleeren, die Suppe mit Wasser bis zur gewünschten Konsistenz verdünnen, mit Salz, Pfeffer und eventuell etwas Chilipulver würzen und nochmals kurz aufkochen lassen.

→ Crème Fraîche mit etwas Flüssigkeit glatt rühren und die Suppe damit verfeinern. Mit Petersilie und Kümmel bestreut servieren.

Sellerie ist ein äußerst gesundes und vor allem preisgünstiges Gemüse, das man praktisch das ganze Jahr über kaufen kann. Ich liebe vor allem den Geruch frischer Sellerie. Daher hier gleich zwei unterschiedliche Rezepte für Sellerie-Cremesuppe – einmal eher rustikal-österreichisch, einmal mit indischen Gewürzen.

Wann ist das Öl heiß genug?

Um das herauszufinden, verwende ich zwei Methoden:

1. *Die Zwiebelstückmethode: Wenn Sie im heißen Öl ohnedies Zwiebel anrösten möchten, können Sie ein kleines Stückchen ins noch kalte Öl geben. Sobald es zischelt und sich leicht verfärbt, hat das Öl die richtige Temperatur.*
2. *Die Nasse-Finger-Methode: Alternativ können Sie die Temperatur messen, indem Sie Ihre Hand kurz unter den Wasserhahn halten und dann über dem Topf ausschütteln. Wenn das Öl heiß genug ist, werden die in den Topf fallenden Wassertropfen ordentlich zischen.*

Apfel-Sellerie-Cremesuppe

Zutaten:
1 große Sellerieknolle
1 kg mehlige Kartoffeln
1 ½ kg säuerliche Äpfel
Öl
4 EL Curry-Madras-Gewürzmischung
1 l Milch
Salz
Pfeffer
1 Msp. Muskat
1 TL gemahlener Kreuzkümmel
1 Msp. Gelbwurz
etwas Zitronensaft
Bockshornkleesamen

Dekoration:
1 Becher Joghurt
eventuell einige rote
oder orange Chilis

Zubereitung:

→ Sellerie, Kartoffeln und Äpfel schälen und würfelig schneiden. Öl im 9-Liter-Topf erhitzen und das Gemüse und die Äpfel darin andünsten. Currymischung kurz mitdünsten.

→ Mit der Milch und etwas Wasser löschen, sodass das ganze Gemüse mit Flüssigkeit bedeckt ist, aufkochen lassen und etwa 20 Minuten köcheln lassen, bis alles weich ist.

→ Den Großteil der Flüssigkeit in einem zweiten Topf zwischenlagern und das Gemüse mit dem Stabmixer pürieren.

→ Flüssigkeit zurückleeren, gut durchrühren, mit Wasser bis zur gewünschten Konsistenz verdünnen und mit Salz, Pfeffer, Muskat, Kreuzkümmel, Gelbwurz, Zitronensaft und Bockshornkleesamen nach Geschmack würzen.

→ Die Suppe mit einem Klecks Joghurt (und eventuell einigen Chiliringen) garniert servieren.

Rotkraut-Apfel-Rahmsuppe

Zutaten:
6 Zwiebeln
Öl
½ kg Karotten
2 kg Rotkraut (Rotkohl)
4 saure Äpfel
½ l Rotwein
300 g Preiselbeerkompott
2 Becher Sauerrahm
Salz
Pfeffer
1 Msp. Muskat
1 Suppenwürfel
Rotweinessig

Zubereitung:

→ Zwiebeln schälen und grob hacken. Öl im 9-Liter-Topf erhitzen und die Zwiebeln darin goldgelb anrösten.

→ In der Zwischenzeit die Karotten schälen, in dicke Scheiben schneiden und zu den Zwiebeln geben.

→ Vom Rotkraut die unschönen äußeren Blätter entfernen, Kraut vierteln, die harten Strünke entfernen und das Kraut fein nudelig schneiden oder hobeln. Äpfel schälen, achteln und die Kerngehäuse entfernen.

→ Kraut und Äpfel kurz mit den Karotten und Zwiebeln mitdünsten, dann mit Rotwein ablöschen, etwas Wasser zufügen, und alles ca. 30 Minuten weich dünsten.

→ Zum Schluss das Preiselbeerkompott beifügen, den Großteil der Flüssigkeit in einem zweiten Topf beiseite stellen und das Gemüse pürieren. Flüssigkeit zurückleeren, mit Wasser bis zur gewünschten Konsistenz auffüllen und nochmals kurz köcheln lassen.

→ Den Sauerrahm mit ein bis zwei Schöpfern Suppe glatt rühren und unter die Suppe heben. Mit Salz, Pfeffer, Muskat und Suppenwürfel abschmecken, nach Belieben noch einen Schuss Rotweinessig beifügen.

→ Dazu passt frisches Schwarzbrot.

Rote-Rüben-Apfel-Suppe
mit Kren

Zutaten:

4 Zwiebeln
Öl
2 kg Rote Rüben (Rote Bete)
½ Sellerieknolle
¼ kg Karotten
2 EL gehackte Petersilie
4 EL Kümmel
2 Lorbeerblätter
1 Msp. Muskat
4 saure Äpfel
4 EL Essig
2 Suppenwürfel
Salz, Pfeffer

Dekoration:

1 Becher Sauerrahm
frisch geriebener Kren (Meerrettich)
frisch gemahlener Pfeffer

Zubereitung:

→ Zwiebeln schälen und grob hacken. Öl im 9-Liter-Topf erhitzen (der Boden sollte gut bedeckt sein) und die Zwiebeln darin goldgelb anrösten.
→ In der Zwischenzeit das Gemüse schälen und würfelig schneiden. Beginnen Sie mit den Roten Rüben, gefolgt von der halben Sellerie und den Karotten.

Rote Rüben färben sowohl Kleidung als auch Hände intensiv rot. Mit kaltem Wasser und etwas Zitronensaft (manche empfehlen reine Ascorbinsäure) geht die Farbe aber – zumindest von den Händen – gut ab. Sie können die Hände auch vor der Arbeit mit etwas Olivenöl einreiben, dann färbt das Gemüse nicht ab. Wenn Sie ganz sicher gehen wollen, verwenden Sie beim Schälen und Schneiden dünne Handschuhe.

Etwas puristischer ist das Rezept auf der nächsten Seite …

→ Sobald die Zwiebeln eine Farbe angenommen haben, die Hitze reduzieren und das Gemüse zugeben. Dabei kommt es nicht darauf an, alles gleichzeitig in den Topf zu kippen. Schälen und schneiden Sie in Ihrem Tempo und geben Sie, was fertig ist, zu den Zwiebeln. Dabei ab und zu umrühren. Sobald das gesamte Gemüse im Topf ist, alles mit Wasser bedecken, mit Petersilie, Kümmel, Lorbeer und Muskat würzen, aufkochen und etwa 30 Minuten köcheln lassen.
→ Nun fehlen nur noch die Äpfel. Die werden – geschält, geachtelt und entkernt – erst gegen Ende der Kochzeit beigefügt,.
→ Wenn das Gemüse weich ist, leeren Sie den Großteil der Flüssigkeit vorsichtig durch ein Sieb in ein großes Gefäß, stellen Sie sie beiseite und pürieren Sie das Gemüse mit dem Stabmixer.
→ Wenn die Konsistenz Ihren Vorstellungen entspricht, gießen Sie das beiseite gestellte Suppenwasser zurück in den Topf und schlagen Sie die Suppe mit dem Schneebesen kräftig durch. Verdünnen Sie mit etwa einem bis zwei Liter Wasser und schmecken Sie mit Essig, Suppenwürfel, Salz und Pfeffer ab.
→ Garnieren Sie die Suppe mit etwas frisch geriebenem Kren, einem Klecks Sauerrahm und frisch gemahlenem Pfeffer.
→ Dazu passt Schwarbrot.

Wie „goldgelb“ werden Zwiebeln eigentlich?

Meiner Erfahrung nach tendieren Zwiebelstückchen – vor allem in großen Mengen – dazu, eher hell- bis mittelblond zu werden. Sie brauchen aber keine Farbvergleiche, um zu beurteilen, wann Ihre Zwiebeln fertig sind. Meist ist jedes Mittelding zwischen „gerade mal weißlich-glasig“ und „dunkelbraun-verbrannt“ gerade recht.

Bäuerliche Rote-Rüben-Suppe

Zutaten:

3 kg Rote Rüben (Rote Bete)
6 Lorbeerblätter
4 EL Kümmel
etwas Apfelessig
Salz, Pfeffer
1–2 Suppenwürfel (nach Geschmack)
3 Becher Sauerrahm

Eine Geschichte, die mit einer Roten Rübe beginnt, endet mit dem Teufel.
(Ukrainisches Sprichwort)

Zubereitung:

→ Rote Rüben waschen und in leicht gesalzenem Wasser mit Lorbeerblättern, Kümmel und etwas Essig etwa 45 Minuten weich dünsten. Danach kalt abschrecken, schälen und würfelig schneiden.

Wenn Sie die Rüben unter fließendem Wasser schälen, verbrennen Sie sich nicht nur nicht die Finger, die Farbe bleibt auch nicht an ihnen haften.

→ Mit etwas Wasser vermischen und fein pürieren. Bis zur gewünschten Konsistenz verdünnen, zwei Becher Sauerrahm unterrühren, mit Salz, Pfeffer, etwas Essig und ein bis zwei Suppenwürfeln würzen und einmal kurz aufkochen lassen.

Stilecht wird diese Suppe mit einem großen Stück Schwarzbrot in Holztellern serviert und mit einem Klecks Sauerrahm garniert. Die Teller behalten dann allerdings für immer ihre rote Färbung.

GALCH

Siebenbürger Krautsuppe

Zutaten:

2 Zwiebeln
2 ½ l Krautsaft vom Siebenbürger Sauerkraut*
optional:
¼ kg Geselchtes (Rauchfleisch)
4 geräucherte Siebenbürger Bratwürste*
100 g Siebenbürger Kraut
3 Eier
3 Suppenwürfel
2 TL Paprikapulver
Chilipulver nach Geschmack

Zubereitung:

→ Zwiebeln sehr fein hacken. Krautsaft mit 2 ½ l Wasser verdünnt erhitzen. Zwiebeln und Geselchtes zugeben.

Das Geselchte dient bei dieser Suppe nur als Geschmacksverstärker und wird nicht mitgegessen. Es kann daher auch ein fetterer Rest sein, den Sie sonst nicht mehr verwenden würden.

→ Die Würste in Scheiben schneiden und ebenfalls mitkochen. Fein geschnittenes Sauerkraut beifügen.
→ Die Dotter von den Eiklaren trennen. Von der noch nicht ganz heißen Suppe einige Schöpfer entnehmen und mit den Dottern verquirlen. Wieder zur Suppe gießen und gut durchrühren.

Diese einfache, köstliche Suppe gab es in meiner Familie immer zu Silvester kurz nach Mitternacht. Die Gaich weckt Tote auf. Danach kann man wieder munter weiter feiern.

** Siebenbürger Bratwurst gibt es auch bei uns in ausgesuchten Fleischereien. Sie können allerdings auch jede andere würzige Bratwurst verwenden. Mit dem Krautsaft ist es etwas schwieriger: Das Siebenbürger Kraut ist eine besonders leckere Version des Sauerkrauts, bei dem die ganzen Krautköpfe eingelegt werden. Im Handel habe ich es in dieser Form noch nicht gefunden. Alternativ können Sie auch gewöhnlichen Sauerkraut-Saft verwenden. Den typischen Geschmack bekommt die Gaich so allerdings nicht.*

Das Eiklar können Sie in einem Plastikbehälter tiefkühlen. Sollten Sie selbst keine Verwendung dafür haben, so freut sich meine Mutter über Eiklar-Spenden. Sie macht daraus die köstlichste Weihnachtsbäckerei. ☺

→ Mit Suppenwürfeln, Paprikapulver und eventuell einem Hauch Chilipulver würzen. Alles aufkochen und 40 Minuten köcheln lassen. Danach das Selchfleisch entfernen.
→ Wenn Sie gutes Fleisch verwenden, wäre es schade darum. Teilen Sie es daher in mundgerechte Stücke und servieren Sie es mit der Suppe.

Grüne Petersiliensuppe

Zutaten:

3 Zwiebeln
3 Knoblauchzehen
Öl
1 kg Petersilienwurzeln
1 Sellerieknolle
1 kg mehlige Kartoffeln
¼ l weißer Wermut (zum Beispiel Martini)
3 Bund Petersilie
¼ kg Tiefkühl-Spinat (gehackt)
3 Lorbeerblätter
Salz
Pfeffer
200 ml Schlagobers (süße Sahne)

Zubereitung:

→ Zwiebeln schälen und grob hacken, Knoblauch schälen. Öl im 9-Liter-Topf erhitzen, Zwiebeln und durch die Knoblauchpresse passierten Knoblauch darin glasig dünsten.
→ Inzwischen der Reihe nach die Petersilienwurzeln, Sellerieknolle und Kartoffeln schälen, in Würfel schneiden und mit den Zwiebeln mitrösten.
→ Mit Wermut und Wasser aufgießen, würzen und aufkochen lassen. Etwa 20 Minuten köcheln lassen, bis das Gemüse weich ist.
→ In der Zwischenzeit die Petersilie abspülen, trocken tupfen und die Blättchen grob hacken. Mit dem Spinat und den Lorbeerblättern zum Gemüse geben und kurz mitköcheln, bis der Spinat ganz aufgetaut ist.
→ Nun den Großteil der Flüssigkeit abgießen und beiseite stellen. Das Gemüse mit dem Stabmixer pürieren und den entstandenen grünen Brei mit der beiseite gestellten Suppe und Wasser bis zur gewünschten Konsistenz verdünnen.
→ Die Suppe mit Salz und Pfeffer abschmecken, mit Schlagobers verfeinern und mit Schwarzbrot servieren.

Deftige

Sauerkraut-Kartoffel-Suppe

Zutaten:

3 Zwiebeln
3 Knoblauchzehen
Öl
½ kg Karotten
½ Sellerieknolle
1 ½ kg mehlige Kartoffeln
3 Lauchstangen
Salz
Pfeffer
1 Msp. Muskat
2 EL Majoran
2 EL Petersilie
2 EL Kümmel
½ kg Sauerkraut

Sauerkraut oder Sauerkohl ist durch Milchsäuregärung konservierter Weißkohl. Es ist reich an Vitaminen, fördert die Verdauung und hat nur sehr wenig Kalorien.

Zubereitung:

→ Zwiebeln schälen und grob hacken, Knoblauch schälen. Reichlich Öl im 9-Liter-Topf erhitzen, Zwiebeln und durch die Knoblauchpresse passierten Knoblauch zugeben und glasig andünsten.

→ In der Zwischenzeit nacheinander Karotten, Sellerie und Kartoffeln schälen und grob würfeln. Mit den Zwiebeln mitdünsten. Zuletzt den Lauch putzen, waschen und in Ringe schneiden. Zum Gemüse hinzufügen, mit Wasser auffüllen, salzen, pfeffern und zum Kochen bringen. Etwa 25 Minuten köcheln lassen, bis das Gemüse weich ist.

→ Nun den Großteil der Flüssigkeit abschütten und beiseite stellen. Das Gemüse mit dem Stabmixer pürieren. Ganz fein muss es bei dieser Suppe nicht sein. Flüssigkeit wieder zurück zum Gemüse leeren, mit Wasser bis zur gewünschten Konsistenz verdünnen und mit Muskat, Majoran, Petersilie und Kümmel würzen.

→ Sauerkraut in einem Sieb mit kaltem Wasser abspülen, abtropfen lassen und in etwa 2 cm lange Streifen schneiden. Unter die Suppe heben, nochmals nachwürzen und mit Schwarzbrot servieren.

Scharfe

PAPRIKA-SAUERKRAUT-SUPPE

Zutaten:

1 kg Zwiebeln
Öl
8 rote Paprika
1 ½ kg Sauerkraut
4 EL Paprikapulver
Chilipulver nach Geschmack
Salz
2 Hände voll Pfefferkörner
1 Hand voll Kümmel
2 Becher Sauerrahm
1 Suppenwürfel
einige Spritzer Tabasco

Dekoration:

1 Becher Sauerrahm
Pfefferkörner

Zubereitung:

→ Zwiebeln schälen und grob hacken. Öl im 9-Liter-Topf erhitzen und die Zwiebelwürfel darin glasig dünsten. In der Zwischenzeit die Paprika waschen, halbieren, entkernen und in Würfel schneiden. Ein paar Minuten mitdünsten, dann mit Wasser löschen, aufkochen lassen und 5 Minuten kochen.
→ Sauerkraut abspülen, abtropfen lassen und zufügen. Mit Paprikapulver, Chilipulver, Salz, Pfeffer und Kümmel würzen und weitere 10 Minuten köcheln lassen. Das Gemüse mit dem Stabmixer pürieren.

Dabei wird es Ihnen nicht gelingen, das Kraut ganz cremig zu pürieren. Verzweifeln Sie nicht! Es genügt vollkommen, wenn das Gemüse eine leicht breiige Konsistenz annimmt und einige Sauerkraut-Fäden übrig bleiben. Erstens geht es mit Haushalts-Küchenmaschinen gar nicht anders, und zweitens können Ihre Gäste ruhig bemerken, dass Sie mit echtem Gemüse kochen.

→ Den Sauerrahm in einer kleinen Schüssel glatt schlagen und unter die Suppe rühren. Mit Wasser auf die gewünschte Konsistenz verdünnen und mit einem Suppenwürfel und einigen Spritzern Tabasco abschmecken.
→ Servieren Sie die Suppe mit einem Klecks Sauerrahm und einigen ganzen Pfefferkörner dekoriert.

Arabische
Gemüsecremesuppe

Zutaten:

4 Zwiebeln
Öl
1 kg mehlige Kartoffeln
1 kg Karotten
4 Lauchstangen
1 kg Broccoli
3 EL gemahlener Kreuzkümmel
1 TL Piment (Neugewürz)
4 TL gemahlener Koriander
Pfeffer
1 Msp. Muskat
Salz
Chilipulver nach Geschmack
1 große Dose Tomaten (à 800 g)
½ l Schlagobers (süße Sahne)

Zubereitung:

→ Zwiebeln schälen und fein hacken. Öl im 9-Liter-Topf erhitzen und die Zwiebeln darin anrösten.

→ In der Zwischenzeit die Kartoffeln und Karotten schälen und würfelig schneiden, den Lauch waschen und in Ringe schneiden und den Broccoli waschen, putzen und in kleine Stückchen zerlegen. Das Gemüse zu den Zwiebeln geben und einige Minuten mitrösten.

→ Würzen, ein paar Mal gut durchrühren und anschließend mit Wasser löschen. Die in Stücke gehackten Tomaten beifügen, alles aufkochen lassen und etwa 20 Minuten weich kochen.

→ Flüssigkeit abschütten und beiseite stellen. Das Gemüse mit dem Stabmixer pürieren. Danach die Flüssigkeit zurückleeren, die Suppe mit Wasser bis zur gewünschten Konsistenz verdünnen.

→ Das Schlagobers zugeben, nochmals erhitzen und nachwürzen.

Menütipp:
Servieren Sie anschließend den Arabischen Kichererbseneintopf von Seite 123 – für ein Fest wie in Tausendundeiner Nacht!

Orangen-Linsensuppe

Zutaten:
Öl
4 Knoblauchzehen
10 grüne Chilis
1 kg rote Linsen
4 Orangen
3 TL gemahlener Koriander
3 TL Kreuzkümmel
3 TL Garam Masala
¼ l Kokosmilch
1–2 Suppenwürfel (nach Geschmack)
Salz
Pfeffer

Dekoration:
Joghurt oder Raita
Chutney

Zubereitung:

→ Öl im 9-Liter-Topf erhitzen. Knoblauch schälen und durch die Knoblauchpresse in den Topf drücken. Chilis waschen und in Ringe schneiden.

→ Linsen abspülen, abtropfen lassen und etwa 3 Minuten mit den Chilis mitbraten. Die Schale einer der Orangen abreiben und zugeben. Alle Orangen auspressen und die Linsen mit dem Orangensaft und Wasser aufgießen.

→ Mit Koriander, Kreuzkümmel und Garam Masala würzen, aufkochen lassen und zugedeckt etwa 20 Minuten köcheln lassen, bis die Linsen weich sind. Öfters umrühren.

→ Kokosmilch zugeben und alles mit dem Stabmixer durchmischen, bis die Suppe leicht schaumig ist. Mit Suppenwürfeln, Salz und Pfeffer abschmecken.

→ Die Suppe mit einem Klecks Joghurt, Raita oder Chutney (siehe Rezepte ab S. 158) garniert servieren.

„Leute, die sich die Finger verbrennen, verstehen nichts vom Spiel mit dem Feuer.“

(Oscar Wilde, irischer Schriftsteller)

Schneiden Sie Chilis immer nur mit der Küchenschere direkt über dem Topf. So vermeiden Sie die berüchtigten „Chiliburns“ – schmerzhafte verbrennungsähnliche Hautreaktionen durch den direkten Kontakt mit Chilis. Sie können beim Schneiden auch dünne Handschuhe verwenden. Sollten Sie sich doch einmal verbrennen, reiben Sie die betroffenen Hautstellen dick mit Fett (Öl oder Hautcreme) oder Alkohol ein und spülen Sie sie dann mit Wasser ab.

Ich hacke die Tomaten mit einem kleinen, scharfen Messer gleich direkt in der Dose, die ich dabei über den Topf halte. Nach und nach schiebe ich die Tomatenstücke dann einfach in den Topf, bis die Dose leer ist. Das spart Geschirr und Nerven. Verwenden Sie aber nicht Ihr bestes Messer, da die Klinge mit dieser Methode leicht stumpf werden kann.

Ägyptische Linsensuppe

Zutaten:
1 ½ kg Zwiebeln
Öl
8 Knoblauchzehen
5 EL gemahlener Koriander
1 große Dose Tomaten (à 800 g)
1 bis 1 ½ kg rote Linsen
je nachdem, wie dick Sie die Suppe mögen
4 EL Tomatenmark
4 EL Kreuzkümmel
Chilipulver nach Geschmack
Salz

Zubereitung:
→ Zwiebeln schälen und fein hacken. Öl im 9-Liter-Topf erhitzen und die Zwiebeln darin etwa 30 Minuten lang anrösten. Knoblauch schälen und durch die Knoblauchpresse in den Topf drücken. Koriander zufügen, gut durchrühren und noch kurz weiter rösten lassen.
→ Mit 2 bis 3 Litern Wasser aufgießen. Tomaten in der Dose hacken und zufügen. Linsen unter kaltem Wasser abspülen und ebenfalls beifügen. Mit Tomatenmark, Kreuzkümmel, Chilipulver und Salz würzen. Aufkochen und weiter köcheln lassen, bis die Linsen weich sind und zerfallen. Dabei öfters umrühren und bei Bedarf noch Wasser nachgießen.
→ Zum Schluss mit dem Stabmixer pürieren, mit Wasser bis zur gewünschten Konsistenz verdünnen und abschmecken.
→ Mit Fladenbrot servieren.

In Ägypten gibt man einige Stückchen Fladenbrot direkt in die Schüssel, verteilt etwas zerlassene Butter oder Ghee darüber und füllt mit der Suppe auf.

Indische Suppen

Ursprünglich gab es in Indien streng genommen keine Suppen; sie sind ein Erbe der Kolonialzeit.

Indische Mahlzeiten bestehen meist aus mehreren unterschiedlichen Gerichten, die gleichzeitig serviert werden. Eine Einteilung in Vorspeisen, Suppen und Hauptgerichte, wie man sie aus der westlichen Küche kennt, gab es früher in der Form nicht.

Erst die Briten brachten die europäische Speisenfolge auf den Subkontinent, wo sie sich vor allem bei der indischen Mittel- und Oberschicht durchsetzte. Auch Restaurants übernahmen die Vorlieben und Gebräuche der Kolonialherren, wodurch es heute viele sehr leckere Rezepte für indische Suppen gibt.

Palak Shorva

Küchenindisch: Palak heißt Spinat, Shorva ist die Suppe.

Zutaten:

8 Zwiebeln
2–3 Knoblauchzehen
Öl oder Ghee
6 TL Kreuzkümmel
4 TL Bockshornkleesamen
1 TL Nelkenpulver
1 Msp. Muskat
1 TL Pfeffer
1 Msp. Gelbwurz
¼ kg Reis
1 ½ kg Blattspinat (frisch oder tiefgekühlt)
1 l Milch
Salz
2 Zitronen
Chilipulver nach Geschmack
200 ml Crème Fraîche

Dekoration:

2 Zitronen
Pfefferkörner

Zubereitung:

→ Zwiebeln und Knoblauch schälen. Zwiebeln grob hacken. Öl im 9-Liter-Topf erhitzen, Zwiebeln zugeben und Knoblauch durch die Knoblauchpresse direkt in den Topf drücken. Etwa 10 Minuten anrösten. Nun die Gewürze zugeben und einmal gut durchrühren.
→ Reis und Spinat zugeben, mit 1 Liter Wasser aufgießen und zum Kochen bringen. Köcheln lassen, bis der Reis weich und der Spinat aufgetaut ist.
→ Vom Herd nehmen und mit dem Stabmixer pürieren.
→ Das ist mit Spinat und Reis nicht ganz so einfach. Um alles so richtig cremig zu pürieren, brauchen Sie viel Geduld und einen sehr leistungsstarken Stabmixer. Ist aber auch gar nicht unbedingt notwendig.
→ Milch zugeben und mit Wasser bis zur gewünschten Konsistenz verdünnen. Ordentlich salzen. Von den Zitronen eine bis zwei auspressen und die Suppe mit Zitronensaft und – nach Geschmack – Chilipulver abschmecken. Crème Fraîche zugeben und alles noch einmal gut erhitzen.
→ Die Suppe mit einer Zitronenscheibe und ein paar Pfefferkörnern garniert servieren.

Kann man das bedenkenlos aufwärmen?

Immer wieder höre ich von meinen Gästen, dass man Spinat nicht aufwärmen dürfe. Da ich weder die SOFA-Stammgäste noch meine Leser vergiften möchte, bin ich der Sache nachgegangen. Dabei fand ich heraus, dass auch Kartoffeln und Pilze in diesem Punkt bedenklich sind. Warum?

Spinat enthält Nitrat, das sich in das giftige Nitrit umwandeln kann. Diese Umwandlung geht umso schneller vor sich, je wärmer es ist. Im Kühlschrank läuft der Umwandlungsprozess sehr langsam ab. Daher sollten Sie Reste von gekochtem Spinat nicht warm halten, sondern schnell abkühlen, unbedingt im Kühlschrank aufbewahren und bald verzehren. Unter diesen Bedingungen ist ein Aufwärmen für Erwachsene nicht gesundheitsschädlich.

Dies gilt jedoch nicht für Säuglinge und Kleinkinder, die besonders empfindlich gegenüber Nitrit sind. Für Babys kann es lebensgefährlich sein, da Nitrit den Sauerstofftransport im Blut behindert. Bei Pilzen verhält es sich ähnlich, hier ist viel Eiweiß enthalten, das sich in giftige Abbauprodukte umwandelt.

Und bei Kartoffeln? Die Gerüchte um die Giftigkeit der Kartoffeln beziehen sich immer auf den Stoff Solanin, der vor allem in Nachtschattengewächsen wie Kartoffeln und Tomaten enthalten ist. Die höchsten Solanin-Werte erreichen Frühkartoffeln und der grüne Anteil der Tomate. Werden Kartoffeln lange Zeit dem Licht ausgesetzt, steigt der Solaningehalt an; auch in geschälten rohen und mechanisch verletzten Kartoffeln steigt der Gehalt leicht an. Daher sollten Kartoffeln immer kühl und finster gelagert werden. Bei der Zubereitung sollte man alle grünlichen Stellen entfernen und die geschälten Kartoffeln so rasch wie möglich verkochen. Beim Aufwärmen entstehen keine weiteren Giftstoffe. Allerdings sind Kartoffeln – wie alle anderen Kohlehydrate – im warmen Klima der Gärung unterworfen.

Auch für andere Speisereste gilt: Wer das Gericht am nächsten Tag wieder aufwärmen will, sollte es möglichst schnell abkühlen und anschließend im Kühlschrank lagern. Und: Die Aufwärmtemperatur sollte mehr als 65 Grad Celsius betragen. Bei niedrigeren Kochtemperaturen werden nämlich bestimmte Krankheitserreger nicht abgetötet. So können sich Giftstoffe bilden, die zu einer Lebensmittelvergiftung führen können.

HARA SHORBA

Indische Erbsencremesuppe

Zutaten:

6 Zwiebeln
1 großes Stück Ingwer
Öl oder Ghee
1 kg mehlige Kartoffeln
2 TL gemahlener Koriander
6 TL gemahlener Kreuzkümmel
2 kg Erbsen (frisch oder tiefgekühlt)
6 grüne Chilis
Salz
Pfeffer
Bockshornkleesamen
3 EL Zitronensaft
400 ml Schlagobers (süße Sahne)

Dekoration:

2 Zitronen
einige rote Chilis
1 Bund Petersilie

Küchenindisch:
„Hara Shorba" heißt „Grüne Suppe".

„Usli Ghee" oder „Ghee" ist das gebräuchlichste indische Kochfett. Er entspricht der bei uns bekannten geklärten Butter (Butterschmalz).

Ghee wird in Indien aus Kuh- und Büffelmilch hergestellt, wobei Ghee aus Büffelmilch, die fetter als Kuhmilch ist, einen feineren Geschmack hat.

Hinweise und Erklärungen zu den indischen Gewürzen finden Sie ab Seite 130!

Zubereitung:

→ Zwiebeln und Ingwer schälen. Zwiebeln grob, Ingwer möglichst fein hacken. Öl im 9-Liter-Topf erhitzen und Zwiebeln und Ingwer darin anrösten.

→ Kartoffeln schälen, grob würfeln und mit den Zwiebeln kurz mitrösten. Wasser, Koriander und Kreuzkümmel zufügen, alles aufkochen lassen und bei schwacher Hitze zugedeckt etwa 30 Minuten köcheln lassen.

→ Dann Erbsen, in Ringe geschnittene Chilis, Zitronensaft, Salz, Pfeffer und Bockshornkleesamen zugeben und ohne Deckel köcheln lassen, bis die Erbsen weich sind.

Einige Erbsen beiseite legen, die kommen später in die pürierte Suppe.

→ Flüssigkeit abschütten und beiseite stellen. Das Gemüse mit dem Stabmixer pürieren. Danach die Flüssigkeit zurückleeren, die Suppe mit Wasser bis zur gewünschten Konsistenz verdünnen, die beiseite gelegten Erbsen zufügen und alles nochmals kurz köcheln lassen.

→ Mit dem Schlagobers verfeinern und mit den Gewürzen abschmecken Mit einer Zitronenscheibe, gehackter Petersilie und einigen roten Chiliringen garniert servieren.

Diese Suppe ist sehr nahrhaft und kann – ergänzt mit indischem Fladenbrot und Joghurtsalaten (siehe Rezepte ab Seite 164) – eine komplette Hauptmahlzeit ersetzen. Indische Süßigkeiten aus dem Asia-Shop und starker, schwarzer Tee runden das Menü ab.

Mullagatanni

Indische Gemüsesuppe

Zutaten:

3 Zwiebeln
2–3 Knoblauchzehen
Öl oder Ghee
4 EL Mehl
4 EL Curry-Madras-Gewürzmischung
viel schwarzer Pfeffer
3 kg gemischtes Gemüse
Salz
Chilipulver nach Geschmack
Kreuzkümmel nach Geschmack
½ Zitrone

Diese köstliche indische Suppe eignet sich besonders gut dafür, Gemüsereste zu verkochen. Je mehr unterschiedliche Sorten Sie verwenden, desto spannender wird das Ergebnis. Schmeckt jedes Mal anders!

Dekoration:

1–2 Becher Joghurt
Pfefferkörner

Zubereitung:

→ Zwiebeln schälen und grob hacken. Knoblauch schälen. Öl im 9-Liter-Topf erhitzen (der Boden sollte gerade bedeckt sein) und Zwiebelstücke darin hellbraun anrösten.

→ In der Zwischenzeit das Gemüse (je nach Sorte) waschen, putzen, schälen und grob würfelig schneiden. Dabei ab und zu nach den Zwiebeln sehen!

→ Wenn diese Farbe angenommen haben, die Hitze verringern, Mehl und Currypulver zufügen und eine Minute lang unter ständigem Rühren mitrösten.

Der Geschmack der Suppe steht und fällt mit der Qualität der Currymischung. Sparen Sie hier auf keinen Fall. Nicht in Frage kommen die üblichen knallgelben, süßlichen Gewürze aus dem Supermarkt, die in den 1970er Jahren so manches quasi-indische Gericht verdorben haben. Gute Mischungen erhalten Sie beim indischen Gewürzhändler Ihres Vertrauens.

→ Die Zwiebelmischung mit etwa zwei Litern Wasser löschen, alles gut durchrühren und zum Kochen bringen. Ordentlich pfeffern! Nach und nach das Gemüse zugeben und köcheln lassen, bis alles weich ist.

Küchenindisch:
„Mullagatanni" (auch: „Mulligatawny") bedeutet „Pfefferwasser".
Sparen Sie nicht an dieser namensgebenden Zutat! Man darf den Pfeffer ruhig ein wenig herausschmecken. Die einfachste Version dieser Suppe bestand ursprünglich tatsächlich nur aus in Wasser gekochten Gewürzen.

→ Dann den Großteil der Flüssigkeit in einem zweiten Topf (oder einem anderen hitzebeständigen Gefäß) zwischenlagern und das Gemüse mit dem Stabmixer pürieren. Wenn Sie möchten, können Sie einen kleinen Teil des Gemüses ganz lassen.
→ Zum Schluss die Flüssigkeit wieder in den Topf leeren, gut umrühren, etwa 1 Liter Wasser (je nachdem, wie dick Sie die Suppe haben wollen) nachgießen und alles noch einmal zum Kochen bringen. Dabei dickt die Suppe noch ein wenig mehr ein!
→ Mit Salz, Pfeffer, Chilipulver, Kreuzkümmel und eventuell ein wenig Zitronensaft abschmecken. Die Suppe mit einem großzügigen Klecks Joghurt und einigen ganzen Pfefferkörnern garniert servieren.

Limonensuppe aus Hyderabad

Hyderabad (sprich: Haidarabad) ist Hauptstadt des Bundesstaates Andhra Pradesh in Indien. Dort wird diese Suppe etwas flüssiger gekocht. Meine Gäste wünschen sich zumeist eher sättigende Suppen, daher habe ich das Rezept ein wenig verändert.

Zutaten:

4 Zwiebeln
2 ½ kg mehlige Kartoffeln
eventuell 1–2 Karotten
Öl
Mullsäckchen oder Teefilter
2 Zimtstangen
12 Gewürznelken
8 grüne Kardamomkapseln
1 TL Pfefferkörner
½ TL Gelbwurz
400 ml Kokosmilch
200 ml Crème Fraîche
Salz
1–2 Zitronen

Dekoration:

getrocknete Korianderblätter

Menütipp:
Servieren Sie anschließend ein indisches Curry; zum Beispiel „Kath Katha“ (siehe Rezept Seite 140).

Zubereitung:

→ Zwiebeln schälen und grob hacken. Kartoffeln und Karotten schälen. Öl im 9-Liter-Topf erhitzen und Zwiebelstücke darin etwa 10 Minuten anrösten.

→ In der Zwischenzeit die Kartoffeln und Karotten würfelig schneiden und zu den Zwiebeln geben. Dabei ist es nicht so wichtig, dass das gesamte Gemüse zur gleichen Zeit im Topf landet. Es wird ohnedies noch alles gut weich gekocht.

Die Karotten geben dieser Suppe eine hübsche, gelbe Färbung. Im Original werden sie nicht verwendet. Tatsächlich kam ich auf die Idee durch einen Zufall: Ich hatte irrtümlich einen Sack nicht besonders schöner Kartoffeln erwischt und musste sehr viel wegschneiden. Um trotzdem genügend Gemüse zu haben, verwendete ich Karotten, die ich noch in der Gemüselade fand.

→ Nun sollte noch genügend Zeit sein, das Gewürzsäckchen vorzubereiten: Wenn Sie – wie ich – kein eigens für diesen Zweck reserviertes Mullsäckchen besitzen, verwenden Sie am besten einen Teefilter. Geben Sie die Gewürze in den Filter (die Zimtstangen müssen Sie dafür zerbrechen) und verschließen Sie ihn mit einem Bindfaden. Nun zerstoßen Sie die Gewürze noch vorsichtig mit dem Mörser oder dem Rücken eines Löffels. Vorsicht: Das Säckchen darf nicht reißen!

→ Füllen Sie das Gemüse mit Wasser auf und fügen Sie das Gewürzsäckchen und das Gelbwurzpulver zu. Alles aufkochen und etwa 30 Minuten köcheln lassen.

→ Wenn das Gemüse weich ist, entfernen Sie das Gewürzsäckchen und pürieren Sie die Suppe mit dem Stabmixer. Verdünnen Sie sie mit Wasser bis zur gewünschten Konsistenz und rühren Sie die Kokosmilch und die Crème Fraîche dazu.

→ Gut durchrühren, nochmals erhitzen und mit Salz und Zitronensaft abschmecken. Mit Korianderblättern garniert servieren.

Eintöpfe

Kartoffelgulasch

nach der Christine-Nöstlinger-Methode

Zutaten:

2 kg Zwiebeln
Butterschmalz oder Öl
4 kg fest kochende Kartoffeln
8 EL Paprikapulver
1 EL Tomatenmark
1 kleines Glas Essiggurken
4 Paar Debreziner
oder einer ähnlich würzigen Wurst, Soja-Würstchen, oder ein großes Stück Räuchertofu

2 EL Kümmel
2 EL Majoran
Salz
Pfeffer
Chilipulver nach Geschmack
4 Lorbeerblätter
1 Msp. Muskat
1 Becher Sauerrahm
4 EL Mehl

Debreziner (auch: Debrecziner) ist eine Wurstspezialität ungarischen Ursprungs, die besonders in Österreich, Süddeutschland und Osteuropa beliebt ist. Die leicht geräucherte Wurst aus Rind- und Schweinefleisch mit Paprikapulver bleibt – im Gegensatz zu lang geräucherten Wurstsorten – beim Kochen weich und saftig.

Entgegen anders lautender Meinungen stammt sie nicht aus der Ungarischen Stadt Debrecen, der Erfinder hat sie lediglich nach dieser Stadt benannt.

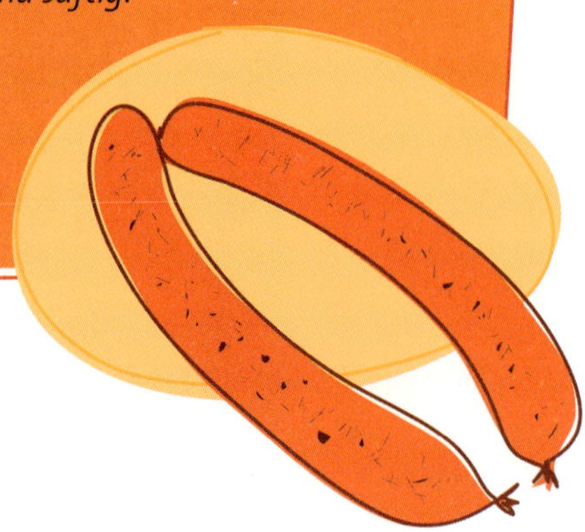

Zubereitung:

Zugegeben, 2 kg Zwiebeln und 4 kg Kartoffeln zu schälen und zu schneiden kann eine Herausforderung an die Geduld des Kochs darstellen. Aber es lohnt sich auf jeden Fall! Achtung: hoher Suchtfaktor! Laden Sie am besten einen guten Freund oder eine gute Freundin schon zum Kochen ein. Gemeinsam geht es nicht nur schneller, die Arbeit ist auch wesentlich kurzweiliger.

→ Zwiebeln schälen und schneiden. Da wir sie später pürieren werden, können die Stückchen ruhig etwas größer ausfallen. Butterschmalz oder Öl im 9-Liter-Topf erhitzen (der Boden sollte etwa einen Zentimeter dick bedeckt sein). Zwiebeln darin goldgelb anbraten.

→ Während die Zwiebelstückchen im Topf anbraten (das kann bei dieser Menge etwas dauern), können sie schon beginnen, die Kartoffeln zu schälen und in mundgerechte Stücke zu schneiden. Vergessen Sie dabei nicht, die Zwiebeln ab und zu umzurühren.

Benutzen Sie einen zweiten 9-Liter-Topf oder eine große Schüssel als Zwischenablage für die Kartoffelstücke. Erfahrungsgemäß entspricht die Menge der geschnittenen Kartoffeln fast der Gesamtmenge des fertigen Gulaschs!

→ Sobald die Zwiebelstückchen eine zufrieden stellende Farbe angenommen haben, mit dem Paprikapulver würzen und nochmal kräftig durchrühren. Danach mit 4 EL vom Gurkensaft (oder Essig) und etwas Wasser löschen, Tomatenmark zugeben und etwa ½ Stunde zugedeckt köcheln lassen. Je weniger Flüssigkeit im Topf ist, desto leichter haben Sie es nachher mit dem Pürieren. Der Nachteil: Sie müssen öfter umrühren!

→ Nun können Sie sich wieder ungestört den Kartoffeln widmen. Sobald diese geschält und geschnitten sind, kommen die Gurken dran: Diese müssen sehr fein gehackt werden, sodass sie im fertigen Gulasch gar nicht mehr auffallen. Zum Schluss kommt die Wurst (oder der Räuchertofu) an die Reihe, die Sie in etwa 1 cm dicke Scheiben (oder Würfel) schneiden.

→ Nun sollte unser Zwiebel-Paprika-Süppchen auch schon fertig sein. Wenn es nur 25 Minuten (oder aber 35 oder 40 Minuten) gekocht hat, macht das gar nichts.

Jetzt kommt Christine Nöstlinger ins Spiel. Die Methode, die Zwiebeln nach dem Kochen zu pürieren habe ich dem – im Übrigen höchst empfehlenswerten – Kochbuch „Mit zwei linken Kochlöffeln" der österreichischen Autorin entnommen. Dadurch wird das Gulasch ganz von selbst sämig und erhält die optimale Konsistenz.

→ Stellen Sie den Topf vom Herd und pürieren Sie die Zwiebelmischung mit dem Stabmixer zu einem ganz feinen Brei. Vorsicht: Das kann ganz schön spritzen!

→ In diesen leeren Sie sodann die Kartoffeln, Gurken und Wurstringe, rühren einmal kräftig um (der Topf ist jetzt recht voll), füllen mit Wasser auf (etwa 1 ½ Liter; die Kartoffeln sollten gerade eben bedeckt sein) und bringen alles zum Kochen.

→ Fügen Sie die Gewürze hinzu und kochen Sie das Gulasch, bis die Kartoffeln weich sind. Das kann je nach Qualität der Kartoffeln und Größe der Stücke 20 bis 40 Minuten dauern.

→ Wenn die Kartoffeln weichgekocht sind, Sauerrahm und Mehl in einer kleinen Schüssel kräftig durchmischen, einen oder zwei Schöpflöffel vom Gulaschsaft hinzufügen und alles gründlich vermischen, sodass keine Mehlklümpchen übrig bleiben.

→ Leeren Sie nun diese Rahm-Mehl-Gulasch-Mischung unter ständigem Umrühren in den Gulaschtopf. Ab jetzt sollte das Gulasch nicht mehr kochen! Schmecken Sie das fertige Gulasch noch einmal ab und würzen Sie je nach Bedarf.

Die meisten Eintöpfe schmecken nach nochmaligem Aufwärmen noch besser. Dies trifft ganz besonders auf das Kartoffelgulasch zu. Wenn Sie es schon am Vortag kochen möchten, bedenken Sie aber bitte, dass Sie es über Nacht in den Kühlschrank stellen müssen. Wenn da schon die Getränke für die Party eingelagert sind, wird es in einem herkömmlichen Haushalts-Kühlschrank eng.

Wiener Saftgulasch

Ein Klassiker, ohne den wohl kein Eintopfkochbuch auskommt. Dies ist wahrscheinlich eines der anspruchsvollsten Gerichte in dieser Sammlung. Es ist auch das teuerste. Je nach Fleischqualität sollten Sie schon mit Kosten um die 40,– Euro rechnen.

Zutaten:

3 kg Zwiebeln
Butterschmalz oder Öl
4 kg Rindfleisch
zum Beispiel Wadschinken, Schulter oder Gulaschfleisch; lassen Sie sich im Zweifelsfall vom Metzger Ihres Vertrauens beraten.
12 EL Paprikapulver
entspricht etwa einer 140-Gramm-Packung
Essig
4 EL Tomatenmark
6 Knoblauchzehen
4 TL gemahlener Kümmel
4 EL Majoran
8 Lorbeerblätter
Salz
Chilipulver nach Geschmack

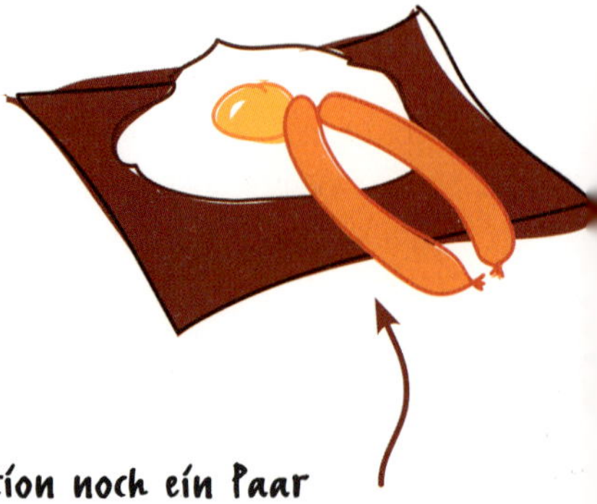

Tipp: Wenn Sie zu jeder Portion noch ein Paar Würstchen (Wiener- oder Sacherwürstel) und ein Spiegelei servieren, wird aus dem Wiener Saftgulasch ein Fiakergulasch.

Zubereitung:

→ Zwiebeln schälen und grob schneiden. Dann in der Küchenmaschine klein hacken. Zur Not können Sie auch den Stabmixer verwenden, dann wird die Konsistenz aber etwas breiig.

Sie benötigen eine große Schüssel oder einen zweiten großen Topf als Zwischenlage für die Zwiebeln. Diesen können Sie später auch für das Fleisch verwenden.

→ Butterschmalz oder Öl im 9-Liter-Topf erhitzen und die Zwiebeln darin hell anbraten. Dabei öfters umrühren. In der Zwischenzeit das Fleisch von den Sehnen und allzu dicken Fettstreifen befreien und in mundgerechte Würfel schneiden.
→ Sobald Sie damit fertig sind, sollten die Zwiebeln auch schon Farbe angenommen haben. Nehmen Sie nun den Topf vom Herd, würzen Sie die Zwiebeln mit Paprikapulver und gießen Sie rasch mit etwas Essig und Wasser auf.
→ Stellen Sie den Topf wieder auf den Herd, fügen Sie das Tomatenmark und das Fleisch hinzu, gießen Sie alles mit Wasser auf und bringen Sie das Gulasch zum Kochen.
→ Nun kommen noch die geschälten, durch die Knoblauchpresse gedrückten Knoblauchzehen und die Gewürze in den Topf.
→ Lassen Sie das Gulasch – je nach Qualität des verwendeten Fleisches – mindestens 1 ½ bis 2 ½ Stunden bei nicht ganz geschlossenem Deckel köcheln. Je länger, desto besser. In dieser Zeit müssen Sie sich kaum um das Gulasch kümmern. Ein paar Mal umrühren, eventuell ein wenig Flüssigkeit nachgießen, und das war's.
→ Servieren Sie das Gulasch mit frischen Semmeln (Brötchen).

Das Wort „Gulasch“ kommt vom ungarischen „gulyás“ und bedeutet „Rinderhirtenfleisch“. Die Ursprünge des Gulaschs reichen bis ins Mittelalter zurück. Damals wurde es von den ungarischen Hirten am offenen Feuer zubereitet, allerdings noch ohne Paprika, der erst nach der Entdeckung Amerikas nach Europa kam. Im Lauf des 19. Jahrhunderts verbreitete sich das Rezept von den bäuerlichen Stuben Ungarns in die bürgerlichen Salons Mitteleuropas.

Das überall in Europa als Gulasch bekannte Gericht heißt in Ungarn übrigens Pörkölt. Mit „gulyás“ bezeichnen die Ungarn eine Suppe. Eine weitere Version des Eintopfgerichtes ist das Paprikás, das trotz seines Namens weniger Paprikapulver enthält, dafür aber Sauerrahm.

Das klassische Wiener Saftgulasch wird mit Rindfleisch hergestellt. Es gibt aber auch Varianten aus Kalb-, Pferde-, Schweine-, Lamm- oder Hammelfleisch.

Altwiener Gulaschsuppe

Zutaten:

2 kg Zwiebeln
4 Knoblauchzehen
Butterschmalz oder Öl
400 g magerer Selchspeck (Räucherspeck)
2 kg Rindfleisch (Gulaschfleisch)
4 EL Mehl
1 TL gemahlener Kümmel
4 TL Majoran
6 EL Paprikapulver
Essig
4 EL Tomatenmark
4 Lorbeerblätter
2 kg fest kochende Kartoffeln
Salz
Chilipulver nach Geschmack

Die Gulaschsuppe ist gleichsam eine Kombination aus Kartoffel- und Rindsgulasch, nur etwas flüssiger.

Zubereitung:

→ Zwiebeln schälen und grob schneiden. Mit dem Stabmixer oder in der Küchenmaschine weiter bearbeiten, bis ein Teil der Zwiebeln fast breiig ist, während der Rest noch aus erkennbaren Stückchen besteht. Knoblauch schälen und fein hacken oder durch die Knoblauchpresse drücken.

→ Butterschmalz oder Öl im 9-Liter-Topf erhitzen und Zwiebeln und Knoblauch darin anbraten.

→ Öfters umrühren. Speck in kleine Würfel schneiden und zu den Zwiebeln geben. Die Hitze reduzieren und die Zwiebel-Speck-Mischung glasig anbraten.

Speckwürfel gibt es bereits fix und fertig geschnitten zu kaufen. Das ist auch nicht viel teurer als der Speck im Ganzen – es werden nämlich dafür auch kleinere Endstückchen und Reste verwendet – und erspart wirklich viel Arbeit.

→ In der Zwischenzeit das Fleisch säubern und kleinwürfelig schneiden. Kurz mit den Zwiebeln mitrösten, dann Mehl, Kümmel und Majoran zugeben und gut umrühren.
→ Topf vom Herd nehmen, Paprikapulver einrühren und alles mit etwas Essig und etwa 2 Litern heißem Wasser löschen. Tomatenmark und Lorbeerblätter zufügen und den Topf wieder auf den Herd stellen. Zum Kochen bringen und etwa 1 bis 1 ½ Stunden auf kleiner Flamme köcheln lassen. Ab und zu umrühren.
→ Die Kartoffeln schälen und in mundgerechte Stücke schneiden. Zur Suppe geben und weitere 20 bis 30 Minuten kochen, bis die Kartoffeln weich sind.
→ Mit Salz, Essig und Chilipulver abschmecken und in großen Suppenschüsseln servieren. Reichen Sie dazu Schwarzbrot oder frische Semmeln (Brötchen)!

Fisolengulasch

Zutaten:

1 kg Zwiebeln
400 g magerer Selchspeck (Räucherspeck)
Butterschmalz oder Öl
2 kg Kartoffeln
4 EL Mehl
4 EL Tomatenmark
4 EL Paprikapulver
1 große Dose Tomaten (à 800 g)
2 kg Tiefkühl-Fisolen (tiefgekühlte Grüne Bohnen)

Sie können natürlich auch frische nehmen. Die müssen Sie noch putzen und schneiden. Beachten Sie auch die längere Garzeit von frischem Gemüse!

Salz
Essig
Zucker
Bohnenkraut
Chilipulver nach Geschmack

Zubereitung:

→ Zwiebeln schälen und klein würfeln. Speck ebenfalls klein würfeln (wenn Sie ihn nicht ohnedies bereits in Würfeln gekauft haben). Butterschmalz oder Öl im 9-Liter-Topf erhitzen und Zwiebeln und Speck anrösten.

→ In der Zwischenzeit die Kartoffeln schälen und in mundgerechte Stücke schneiden. Die Zwiebeln mit dem Mehl bestäuben, Tomatenmark und Paprikapulver zufügen und kurz anschwitzen lassen. Mit etwa 1 Liter Wasser löschen. Die Tomaten hacken und zufügen.

→ Kartoffeln zugeben, alles aufkochen lassen und etwa 20 Minuten köcheln lassen. Dann die Fisolen beifügen und weitere 10 Minuten kochen lassen.

→ Mit Salz, einigen Spritzern Essig, etwas Zucker und reichlich Bohnenkraut abschmecken. Wer das Gulasch etwas schärfer will, würzt noch mit Chilipulver nach.

Kürbisgulasch
„Smashing Pumpkins"

Zutaten:

1 kg Zwiebeln
Öl
4 EL Paprikapulver
1 Msp. Muskat
2 TL Kümmel
2 TL Senfkörner
3 TL Rosmarin
3 Lorbeerblätter
3 TL Majoran
1 kleines Glas Essiggurken
1 ½ kg fest kochende Kartoffeln
3 kg Kürbis
2 Becher Sauerrahm
Zucker
Pfeffer
Salz
Chilipulver nach Geschmack

Zubereitung:

→ Zwiebeln schälen und fein hacken. Öl im 9-Liter-Topf erhitzen (der Boden sollte gut mit Öl bedeckt sein) und die Zwiebeln darin glasig anschwitzen. Danach die Gewürze und Kräuter zufügen, gut durchmischen und mit 6 EL Saft aus dem Gurkenglas (oder Essig) und ¼ Liter Wasser löschen.

→ Währenddessen die Kartoffeln schälen und in mundgerechte Stücke schneiden. Die Gurken fein hacken. Beides etwa 5 Minuten mit den Zwiebeln mitdünsten. Salzen!

→ Nun den Kürbis schälen, schneiden und ebenfalls in den Topf geben. Mit heißem Wasser aufgießen, bis das Gemüse fast bedeckt ist, und auf kleiner Flamme etwa ½ Stunde köcheln lassen.

→ Danach einen Becher Sauerrahm in einer kleinen Schüssel glatt rühren, mit etwas Flüssigkeit aus dem Topf vermischen und unter ständigem Rühren in die „Smashing Pumpkins" gießen. Nun sollte der Eintopf nicht mehr kochen! Mit Salz, Pfeffer und eventuell etwas Zucker abschmecken, gegebenenfalls mit Chilipulver nachwürzen.

→ Den zweiten Becher Sauerrahm ebenfalls glatt rühren und jede Portion mit einem Klecks Rahm garniert servieren.

Dieses Rezept hat nichts mit der gleichnamigen amerikanischen Alternativ-Rockband zu tun. Es entstand irgendwann in der Zeit zwischen der Auflösung der Band 2000 und deren Reunion im Jahr 2005. Auch wenn es helfen mag, beim Hacken des Kürbis entsprechende Musik zu hören, ist dies für das Gelingen des Gerichts nicht zwingend notwendig.

Kürbisse sind ein wehrhaftes Gemüse. Es braucht eine Menge Geduld und Kraft, und ein sehr scharfes Messer, um ihrer Herr zu werden. Auch rohe Gewalt ist nicht ganz fehl am Platz. Wenn Sie eine Axt zur Verfügung haben – und mit dieser sicher umgehen können –, versuchen Sie doch, den Kürbis damit zu spalten. Dabei kann man hervorragend Aggressionen abbauen, um abends auf der Party ganz entspannt und gelöst zu sein.

All diese Mühe können Sie sich jedoch ersparen, wenn Sie für dieses Gericht Stangen-Kürbis verwenden, den es in großen Scheiben zu kaufen gibt. Sie ersparen sich viel Arbeit beim Schälen. Außerdem hat er ein weicheres Fruchtfleisch und lässt sich leichter schneiden.

Klausenburger Kraut

Klausenburg (rum. Cluj-Napoca, ung. Kolozsvár) ist eine Stadt im Westen Siebenbürgens (Transsilvaniens) in Rumänien. Sie ist heute die drittgrößte Stadt des Landes.

Beeindrucken Sie Ihre Gäste mit einem Eintopf aus der Heimat Graf Draculas! Mit der siebenbürgischen Krautsuppe von Seite 46 als Vorspeise oder Mitternachtseinlage und entsprechender Deko wird so aus Ihrer Party ein „blutiger“ Themenabend!

Zutaten:

2 kg (mageres) Schweinefleisch ohne Knochen
Öl oder Butter*
1 kg Zwiebeln
2 Knoblauchzehen
2 EL Paprikapulver
Salz
Pfeffer
4 EL Kümmel
4 Lorbeerblätter
1 ½ kg Sauerkraut (Sauerkohl)
2 EL Mehl
1 Becher Sauerrahm
½ kg Reis
Cayennepfeffer nach Geschmack

**Früher hat man statt Öl oder Butter Schweineschmalz verwendet. Meiner Meinung nach ist in dem Gericht schon genügend Schweinefleisch enthalten, und heute ist die Verwendung von Schmalz zum Anbraten auch etwas aus der Mode gekommen.*

Dies ist ein altes Familienrezept aus Siebenbürgen, das meine Mutter mir so überliefert hat. Es gibt auch andere Zubereitungsarten (beispielsweise als Auflauf). Bei uns wurde es aber immer auf diese Weise gekocht:

Zubereitung:

→ Das Fleisch würfelig schneiden. Fett im 9-Liter-Topf erhitzen, das Fleisch darin portionsweise scharf anbraten, herausnehmen und (am besten abgedeckt) beiseite stellen.

Portionsweise deshalb, weil das Öl bei dieser Menge Fleisch zu schnell abkühlt und das Fleisch darin mehr kocht als brät. So verliert es aber viel von seinem Saft.

→ Die Zwiebeln schälen, nudelig schneiden und im Fett goldgelb rösten. Bei Bedarf noch etwas Fett zugeben. Knoblauch schälen und in den Topf pressen. Paprikapulver zugeben, kurz durchrühren und mit Wasser aufgießen. Mit Salz, viel Pfeffer, Kümmel und Lorbeerblättern würzen, das beiseite gelegte Fleisch zugeben und etwa eine halbe Stunde halbweich kochen.

→ Das Sauerkraut in einem Sieb mit kaltem Wasser abspülen und abtropfen lassen. Zum Fleisch zugeben, mit Wasser auffüllen und alles eine weitere halbe Stunde dünsten lassen.

→ Das Mehl mit dem Sauerrahm und etwas Eintopf-Flüssigkeit gut verquirlen und diese Mischung gemeinsam mit dem Reis in den Topf rühren. Alles nochmals köcheln lassen, bis der Reis gar ist (die Kochzeit variiert je nach Reissorte; bitte die Informationen auf der Packung beachten). Bei Bedarf mit etwas Cayennepfeffer nachwürzen.

→ Wenn Sie noch einen extra Becher Sauerrahm im Kühlschrank haben, servieren Sie jede Portion mit einem großzügigen Klecks davon. Dazu passt frisches Schwarzbrot.

Sellerie-Kartoffel-Eintopf mit Karotten und Zucchini

Zutaten:

5 Zwiebeln
Öl
2 EL Mehl
4 EL Paprikapulver
¼ l trockener Weißwein
1 kg fest kochende Kartoffeln
1 Sellerieknolle
1 kg Karotten
4 Zucchini
4 grüne Chilis
1 große Dose Tomaten (à 800 g)
Salz
Pfeffer
1 Zitrone

Zubereitung:

→ Zwiebeln schälen und grob hacken. Öl im 9-Liter-Topf erhitzen und die Zwiebelstücke darin goldgelb anbraten. Mehl und Paprikapulver unterrühren und rasch mit Weißwein löschen.
→ Unterdessen die Kartoffeln, Sellerie und Karotten schälen und würfelig schneiden. Nach und nach zu den Zwiebeln geben. Anschließend die Zucchini waschen, in mundgerechte Stücke schneiden und ebenfalls zufügen.
→ Chilis waschen und in Ringe schneiden.
→ Zum Schluss noch die Tomaten direkt aus der Dose in den Topf hacken, mit Wasser bedecken und alles aufkochen lassen. Etwa 20 Minuten bei schwacher Hitze köcheln lassen.
→ Mit Salz, Pfeffer und Zitronensaft abschmecken.

Deftiger Bauerneintopf

Zutaten:

1 kg Zwiebeln
200 g magerer Selchspeck (Räucherspeck)
Öl
1 ½ kg Faschiertes (Hackfleisch)
1 große Dose Tomaten (à 800 g)
4 EL Tomatenmark
Salz
Pfeffer
3 EL Paprikapulver
Chilipulver nach Geschmack
1 Msp. Muskat
4 EL Kräuter
zum Beispiel Thymian, Rosmarin, Salbei, Petersilie, Basilikum ...
1 kg fest kochende Kartoffeln
½ kg Karotten
2 Lauchstangen
3 rote Paprika
½ kg Reis
Essig
Tabasco

Zubereitung:

→ Zwiebeln schälen, würfelig schneiden und beiseite stellen. Speck in kleine Würfel schneiden. Wenig Öl im 9-Liter-Topf erhitzen und den Speck und die Zwiebeln darin glasig anbraten. Das Faschierte zugeben und unter ständigem Rühren einige Minuten mitrösten. Dabei das Fleisch in kleine Stückchen zerteilen.

→ Mit den Dosentomaten löschen, Tomatenmark, Gewürze und Kräuter zugeben und auf kleiner Flamme köcheln lassen.

→ In der Zwischenzeit die Kartoffeln und Karotten schälen, in kleine Würfel schneiden und beifügen. Den Lauch putzen, waschen, die dunkelgrünen Enden entfernen und den Lauch in feine Ringe schneiden. Die Paprika waschen, entkernen und klein würfeln. Ebenfalls zugeben.

→ Kochen lassen, bis die Kartoffeln halb weich sind. Dann den Reis mit etwas Flüssigkeit zugeben und unter oftmaligem Rühren gar kochen. Dabei bei Bedarf immer wieder etwas Wasser nachgießen, damit der Reis gut aufquellen kann. Mit einigen Spritzern Tabasco und Essig abschmecken.

Kraut und Rüben

Zutaten:

3 große Zwiebeln
4 grüne Chilis
Öl
2 EL Paprikapulver
2 EL Mehl
1 Krautkopf
1 kg fest kochende Kartoffeln
½ kg Karotten
½ kg Gelbe Rüben

3 Kohlrabi
2 Bund Petersilie
2 Lorbeerblätter
Salz
Pfeffer
1 Msp. Muskat

1 Msp. Piment (Neugewürz)
Kümmel
Tomatenmark
1 Zitrone
1 Becher Sauerrahm

Anders als die orange-farbigen Karotten oder Möhren, die in einigen Gegenden auch Gelbe Rüben genannt werden, sind die Rüben, die ich meine, wirklich gelb. Sie sind eine österreichische Spezialität, entstanden aus einer Urform der heutigen Karotte und zählen auch zur Familie der Wurzelgemüse.

Zubereitung:

→ Zwiebeln schälen und fein hacken. Chilis mit der Küchenschere in feine Ringe schneiden. Öl im 9-Liter-Topf erhitzen und Zwiebeln und Chilis darin andünsten. Paprikapulver hinzufügen, mit Mehl bestäuben, alles nochmal gut durchrühren und mit wenig Wasser löschen.

→ Kraut putzen, die Strünke und Blattrippen herausschneiden, den Rest in feine Streifen schneiden und zu den Zwiebeln geben.

Der Topf sieht nun schon sehr voll aus, aber das täuscht: das Kraut verliert beim Kochen an Volumen und macht Platz für das restliche Gemüse.

→ Kartoffeln schälen, würfeln und unter das Kraut mischen. Nach und nach das restliche Gemüse (Karotten, Gelbe Rüben und Kohlrabi) ebenfalls schälen, würfeln und beimengen. Mit Wasser auffüllen, sodass das Gemüse gerade eben bedeckt ist, und zum Kochen bringen.

→ Währenddessen die Petersilie abspülen, trocken klopfen und grob hacken. Mit den restlichen Gewürzen in den Topf geben und alles etwa 20 bis 30 Minuten köcheln lassen. Dabei öfters umrühren.

→ Wenn das Gemüse weich ist, den Eintopf mit Zitronensaft und Tomatenmark abschmecken, und eventuell nachwürzen.

→ Mit einem Klecks Sauerrahm garniert servieren. Dazu passt Schwarzbrot.

Bunter Kartoffeleintopf mit Mais

Zutaten:

5 Zwiebeln
1 kg fest kochende Kartoffeln
Öl
2 Lauchstangen
3 Paprika (rot, gelb, grün)
½ kg Champignons
1 große Dose Mais
½ kg Erbsen
3 Dosen Tomaten (à 400 g)
6 grüne Chilis
6 Knoblauchzehen
Paprikapulver
Salz
Pfeffer
Schnittlauch
Basilikum
Petersilie

Zubereitung:

→ Zwiebeln und Kartoffeln schälen und in Würfel schneiden. Öl im 9-Liter-Topf erhitzen und die Zwiebeln und Kartoffeln darin braten, bis sie leicht weich sind.

→ Unterdessen den Lauch waschen, putzen und in Ringe schneiden. Die Paprika waschen, halbieren, von den Kernen und weißen Wänden befreien und würfelig schneiden. Beides mit den Zwiebeln und Kartoffeln kurz mitbraten.

→ Champignons putzen und in Scheiben schneiden. Mit dem Mais und den Erbsen zum Gemüse geben. Die Tomaten in der Dose hacken und ebenfalls zufügen. Gut umrühren und mit Wasser auffüllen, bis das Gemüse fast bedeckt ist.

→ Chilis waschen und mit der Küchenschere über dem Topf in Ringe schneiden. Knoblauch schälen und durch die Knoblauchpresse in den Eintopf pressen. Mit den Gewürzen und Kräutern abschmecken, alles aufkochen und auf kleiner Flamme köcheln lassen, bis das Gemüse gar ist.

Altwiener Krautsuppe

Zutaten:

4 Zwiebeln
Öl
2 EL Paprikapulver
2 EL Mehl
1 großer Krautkopf (oder zwei kleine)
½ Sellerieknolle
3 rote Paprika
4 Karotten
1 große Dose Tomaten (à 800 g)
4 rote Chilis (nach Geschmack)
6 fest kochende Kartoffeln
1 Hand voll Pfefferkörner
Kümmel
Salz
1 Zitrone
1–2 Becher Sauerrahm

Wenn Sie nur einen Krautkopf verwenden, erhalten Sie mit den übrigen Mengenangaben eine Suppe. Mit eineinhalb bis zwei Krautköpfen eher einen Eintopf.

Zubereitung:

→ Zwiebeln schälen, klein schneiden. Öl im 9-Liter-Topf erhitzen und die Zwiebeln darin anrösten.
→ Währenddessen die äußeren Blätter des Krauts entfernen, Köpfe achteln, die harten Strünke herausschneiden und das Kraut in feine Streifen hacken.
→ Das Paprikapulver kurz mit den Zwiebeln mitrösten, dann mit Mehl bestäuben, Kraut zufügen, gut umrühren und alles auf kleiner Flamme anschwitzen lassen.

→ Sellerie und Karotten schälen und würfeln. Paprika waschen und klein schneiden. Zum Kraut geben, gehackte Tomaten hinzufügen, mit Wasser aufgießen, aufkochen lassen und bei mittlerer Hitze zugedeckt etwa 30 Minuten weich kochen. Nach Geschmack mit Chilis würzen.

→ Währenddessen die Kartoffeln schälen und etwa nach der halben Kochzeit direkt in die Suppe hineinraspeln. Die kleinen Kartoffelstückchen verkochen vollständig und binden so die Suppe.

→ Pfefferkörner und Kümmel unterrühren und mit Salz und etwas Zitronensaft abschmecken.

→ Mit einem großzügigen Klecks Sauerrahm garniert servieren.

Sauerkraut-Gemüse-Eintopf

Zutaten:

4 Zwiebeln
4 Knoblauchzehen
1 Hühnerei-großes Stück Ingwer
Öl
1 Sellerieknolle
1 kg fest kochende Kartoffeln
½ kg Karotten
3 Lauchstangen
3 rote Paprika
¾ kg Sauerkraut (Sauerkohl)
Salz
Pfeffer
1 Msp. Muskat
2 TL Majoran
1 EL Petersilie
1 EL Kümmel
Chilipulver nach Geschmack
1 Apfel

Dekoration:

Pfefferkörner

Dieser leckere Winter-Eintopf eignet sich hervorragend als vegetarische Mitternachts-Einlage!

Zubereitung:

→ Zwiebeln, Knoblauch und Ingwer schälen und fein hacken. Öl im 9-Liter-Topf erhitzen und Zwiebeln, Knoblauch und Ingwer darin anrösten.

→ Nach und nach nun auch das Gemüse schälen, in Streifen schneiden und zugeben: erst die Sellerieknolle, dann die Kartoffeln, zuletzt die Karotten.

→ Sellerieknollen sind ganz schön hart. Sie benötigen ein sehr scharfes Messer – besser noch: eine Motorsäge! – und viel Kraft, um eine ganze Knolle zu zerteilen. Bei mir bleibt das Messer meist auf halbem Wege stecken und lässt sich weder vor noch zurück bewegen. Da ist es gut, wenn man Hilfe hat.

→ Den Lauch waschen und in feine Ringe schneiden. Die Paprika waschen, von Kernen und weißen Wänden befreien und in Streifen schneiden. Beides beifügen.

→ Zuletzt das Sauerkraut mit kaltem Wasser abspülen, abtropfen lassen und ebenfalls zum Eintopf geben. Gut umrühren, mit Wasser aufgießen, würzen, aufkochen lassen und bei niedriger Temperatur etwa 15 Minuten köcheln lassen.

→ Apfel schälen, entkernen und würfelig schneiden. Etwa 5 Minuten vor Ende der Garzeit unterheben und das Gemüse fertig garen. Nochmals abschmecken.

→ Den Eintopf mit ganzen Pfefferkörnern garniert servieren.

ROTKRAUT-EINTOPF

Zutaten:

½ kg Maroni (Edelkastanien)
6 Zwiebeln
Öl
1 ½ kg fest kochende Kartoffeln
1 kg Karotten
¼ l Rotwein
etwa 2 kg Rotkraut (Rotkohl)
4 Äpfel
Salz
Pfefferkörner
1 Msp. Muskat
200 g Preiselbeerkompott
eventuell etwas Essig

Zubereitung:

→ Maroni an der gewölbten Seite überkreuz einritzen und mit der flachen Seite auf ein Backblech legen. Eine (hitzebeständige) Schale mit Wasser in den Backofen stellen und die Maroni bei 200 °C etwa 30 Minuten backen.

→ Zwiebeln schälen und fein hacken. Öl im 9-Liter-Topf erhitzen und die Zwiebeln darin goldgelb anbraten.

→ Inzwischen die Kartoffeln und Karotten schälen und grob würfeln. Kurz mit den Zwiebeln mitdünsten, dann mit dem Rotwein löschen.

→ Vom Rotkraut die äußeren Blätter entfernen, den Kohlkopf vierteln, die harten Strünke herausschneiden und das Kraut grob nudelig hobeln oder schneiden. Ebenfalls zugeben.

→ Zuletzt die Äpfel schälen, vierteln, entkernen und zugeben. Alles mit Flüssigkeit bedecken, würzen, aufkochen lassen und etwa 25 Minuten köcheln lassen, bis das Gemüse weich ist.

→ In der Zwischenzeit die Maroni schälen.

Laden Sie sich zum Schälen schon mal ein paar Freunde ein. Dann geht es schneller und macht mehr Vergnügen!

→ Kurz vor Ende der Garzeit die Maroni und das Preiselbeerkompott zugeben. Mit Essig, Salz und Pfeffer abschmecken. Dazu passt Schwarzbrot.

Pseudo-Borschtsch

(Rote-Rüben-Eintopf)

Borschtsch ist ein klassischer osteuropäischer Eintopf, der aus vergorenen Roten Rüben, Fleisch, Kraut und (regional unterschiedlichen) anderen Zutaten zubereitet wird. Dieses Rezept ist dem Eintopf nachempfunden, enthält aber unvergorene Rote Rüben und kein Fleisch. Daher das Präfix „Pseudo".

Zutaten:

4 Zwiebeln
Öl
1 kg Rote Rüben (Rote Bete)
½ kg fest kochende Kartoffeln
½ Sellerieknolle
½ kg Karotten
½ kg Kraut
1 Lauchstange
3 Lorbeerblätter
Essig
Salz
Pfeffer
1 TL Piment (Neugewürz)
1 TL Koriander
Chilipulver nach Geschmack

Dekoration:

2 Becher Sauerrahm

Zubereitung:

→ Die Zwiebeln schälen und fein würfeln. Öl im 9-Liter-Topf erhitzen und die Zwiebeln darin anbraten.

→ Nach und nach die Roten Rüben, Kartoffeln, Sellerie und Karotten schälen, in Würfel schneiden und zugeben. Vom Kraut den harten Strunk herausschneiden und das Kraut in feine Streifen schneiden.

→ Zuletzt den Lauch putzen, längs aufschlitzen, gründlich waschen und ebenfalls fein schneiden. Beides zum restlichen Gemüse in den Topf geben, mit Wasser aufgießen, Lorbeerblätter zufügen und alles aufkochen lassen.

→ Den Eintopf bei kleiner Hitze etwa 30 Minuten köcheln lassen. Mit Essig, Salz, Pfeffer, Piment, Koriander und eventuell etwas Chilipulver abschmecken. Mit einem großen Klecks Sauerrahm garniert servieren.

Dillkartoffeln mit Frankfurtern

Zutaten:

4 kg fest kochende Kartoffeln
4 Zwiebeln
¼ kg Butter
150 g Mehl
4 EL Petersilie
12 EL Dille
4 Paar Frankfurter
(Wiener Würstchen)
4 Becher Sauerrahm
Salz
Pfeffer
4 EL Zucker
4 EL Essig

Für dieses Rezept benötigen Sie zwei Töpfe, da die Kartoffeln parallel zur Soße gekocht werden. Wenn Sie nur einen 9-Liter-Topf haben, kochen Sie die Kartoffeln in diesem und die Soße in einem etwas kleineren. Sie müssen später allerdings alles in den großen Topf umleeren, sonst gibt es eine Überschwemmung!

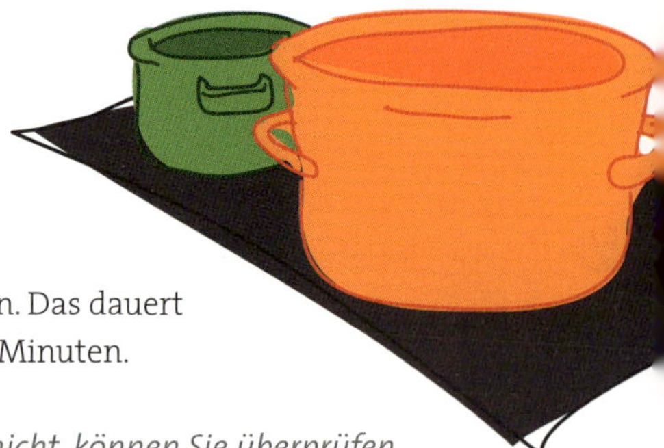

Zubereitung:

→ Kartoffeln mit Schale weich kochen. Das dauert je nach Größe der Kartoffeln 15 bis 20 Minuten.

Ob die Kartoffeln weich sind oder nicht, können Sie überprüfen, indem Sie sie mit einer Gabel anstechen. Geht die Gabel ganz leicht durch, sind die Kartoffeln fertig.

→ Währenddessen Zwiebeln schälen und fein hacken. Butter im Topf zerlassen und die Zwiebeln darin glasig dünsten. Mehl zufügen und unter ständigem Umrühren eine Zwiebel-Einbrenn (Zwiebel-Mehlschwitze) erzeugen. Mit etwas Wasser aufgießen, Petersilie und einen Teil der Dille hinzufügen, alles aufkochen und köcheln lassen.

→ Wenn Sie frische Kräuter verwenden, waschen Sie diese, klopfen Sie die Flüssigkeit vorsichtig aus und hacken Sie die Blätter (ohne Stiele) grob. Bei getrockneten Kräutern aus der Packung entfällt dieser Arbeitsschritt natürlich.
→ In der Zwischenzeit die (weich gekochten) Kartoffeln vom Herd nehmen, mit kaltem Wasser abschrecken, schälen und in Scheiben schneiden.

Laden Sie ein paar Gäste schon etwas früher ein, damit sie Ihnen beim Schälen helfen können. Dabei kann man sich wunderbar unterhalten, und ruck-zuck sind die Kartoffeln fertig.

→ Mit den (in Scheiben geschnittenen) Frankfurtern zur köchelnden Soße geben, vorsichtig umrühren und die restliche Dille und den Sauerrahm untermengen. Mit Salz, Pfeffer, Zucker und Essig abschmecken und eventuell noch etwas Wasser zugeben. Dillkartoffeln sind keine Suppe, also bitte nicht allzu viel Wasser verwenden.

Streng genommen seien sie nicht einmal ein Eintopf, meint meine Mutter, sondern viel mehr eine Beilage. Das hat bis jetzt aber noch keinen Gast daran gehindert, sich den Bauch damit vollzuschlagen. Das ist auch gut so, denn sie schmecken frisch am besten und sollten daher nicht aufgewärmt werden.

Gorgonzola-Rahm-Suppe
mit Birnen

Zutaten:

8 Birnen
½ l Sherry
1 kg Zwiebeln
1 kg Stangensellerie
Öl
½ kg Gorgonzola
¾ l Schlagobers (süße Sahne)
Salz
Pfeffer
1 Suppenwürfel
Chilipulver nach Geschmack

Diese Suppe ist in der Vorbereitung etwas aufwändig. Aber die Arbeit lohnt sich!

Neben dem 9-Liter-Topf benötigen Sie noch einen weiteren Topf zum Marinieren der Birnen, eine Schüssel für die Zwiebeln und Selleriestücke und eine weitere Schüssel oder einen tiefen Teller für das Sellerie-Grün.

Zubereitung:

→ Die Birnen waschen, vierteln, von den Kerngehäusen befreien, mit dem Sherry übergießen und zugedeckt beiseite stellen.

→ Die Zwiebeln schälen und fein hacken. Die Selleriestangen waschen, putzen, Blätter abzupfen und beiseite stellen. Selleriestangen kleinwürfelig schneiden.

→ Öl im 9-Liter-Topf erhitzen und die Zwiebel- und Selleriewürfel darin anbraten, bis die Zwiebel glasig sind. Mit etwa 1 Liter Wasser aufgießen, zum Kochen bringen und 25 Minuten auf kleiner Flamme köcheln lassen.

→ Den Gorgonzola in kleine Würfel schneiden. Schlagobers und Gorgonzola zur Suppe geben, nochmals erhitzen und kochen lassen, bis der Gorgonzola geschmolzen ist. In der Zwischenzeit das Selleriegrün fein hacken.

→ Sobald der Käse geschmolzen ist, die Birnenstücke mit dem Sherry beifügen und weitere 5 Minuten kochen lassen. Mit Salz, Pfeffer, Suppenwürfel und eventuell etwas Chilipulver abschmecken.

→ Die Suppe mit dem Selleriegrün garniert servieren.

Servieren Sie diesen köstlichen Eintopf mit Stangenweißbrot!

RUMFORD-SUPPE

Zutaten:

½ kg Graupen (Rollgerste)
200 g magerer Selchspeck (Räucherspeck)
Öl
½ kg Zwiebeln
1 kg Geselchtes (Rauchfleisch)
2 kg fest kochende Kartoffeln
(Salz)
Pfeffer
1 Msp. Muskat
3 EL gehackte Petersilie
1 kg Tiefkühl-Erbsen

Zubereitung:

→ Graupen in reichlich kaltem Wasser einweichen.

→ Selchspeck in kleine Würfel schneiden. Mit wenig Öl (bodenbedeckend) im 9-Liter-Topf erhitzen und glasig anbraten.

→ Zwiebeln schälen, fein hacken, zugeben und mitrösten.

→ Das Geselchte in kleine Würfel von etwa 1 cm Kantenlänge schneiden und ebenfalls in den Topf geben.

→ Graupen abtropfen lassen und zugeben. Alles mit etwa 2 bis 3 Liter Wasser aufgießen, zum Kochen bringen und eine kleine Weile köcheln lassen.

→ Kartoffeln schälen und in kleine Würfel schneiden. Lassen Sie sich dabei ruhig etwas Zeit, das gibt den Graupen den Vorsprung, den sie benötigen, um weich zu werden. Kartoffelwürfel zugeben, würzen und alles etwa eine halbe Stunde weiter köcheln lassen.

→ Seien Sie beim Würzen vorsichtig mit dem Salz! Manchmal ist bereits das Geselchte so salzig, dass Sie gar nicht nachwürzen müssen. Also unbedingt probieren, bevor Sie Salz hinzufügen!

→ Zum Schluss die Erbsen zugeben, nochmals aufkochen lassen und 5 Minuten ziehen lassen.

→ Servieren Sie diesen deftigen Eintopf mit Schwarzbrot.

Dieser preisgünstige und äußert nahrhafte Eintopf wurde von Benjamin Thompson, Reichsgraf von Rumford, 1795 erfunden. Er löste damit ein großes Problem seines Dienstherrn, des bayerischen Kurfürsten Karl Theodor von der Pfalz, der in seinem militärischen Arbeitshaus die festgenommenen Bettler und Arbeitslosen sparsam, aber dennoch nahrhaft versorgen musste. In der Folge wurde das Rezept zu einem Klassiker in den Suppenküchen.

Das Grundrezept bestand lediglich aus Graupen und getrockneten Erbsen, die über Stunden in Wasser gekocht wurden, bis eine sämige, dicke Suppe entstand. Gewürzt wurde sie mit Salz und Essig. Um noch mehr Kosten zu sparen, wurde ein Teil der Graupen oft durch Kartoffeln ersetzt. Ebenso wurde eine Scheibe altbackenes Brot in den Suppenteller gelegt, damit es auch etwas zu kauen gab.

Rumford und spätere Kochbuchautoren empfahlen auch reichhaltigere Rezepte, ergänzt um Gemüse wie Zwiebeln, Karotten, Sellerie, Lauch, Kohlrabi oder Kraut und Fleisch beziehungsweise Speck. Diese Eintopf-Varianten, die nach Belieben mit Pfeffer, Majoran oder Thymian gewürzt wurden, fanden auch großen Anklang in der bürgerlichen Küche der Zeit.

(Quelle: Wikipedia)

Der Pichelsteiner Eintopf soll ursprünglich von der bayrischen Wirtin Auguste Winkler erfunden worden sein. Der Name dürfte auf das im nahe ihrer Gastwirtschaft gelegene Büchelstein zurückgehen, wo man seit 1839 auf einer Waldwiese das Büchelsteiner Fest feierte. Der einfache Eintopf erfreute sich dabei großer Beliebtheit.

Vom Büchel- zum Pichelsteiner wurde das Gericht vermutlich deshalb, weil im Bayrischen Wald zu jener Zeit das „ü" wie ein „i" ausgesprochen wurde.

Einer anderen Theorie zufolge soll der Name auf das damals gebräuchliche Wort „Pichel" für einen großen Suppentopf zurückgehen. Dieser Ansatz wird vor allem von den Bürgern von Regen vertreten, die sich seit 1874 traditionell am Kirchweihmontag zum Pichelsteiner Essen treffen. Von manchen Heimatforschern wird diese Erklärung zwar ins Reich der Sagen verwiesen, ganz von der Hand zu weisen ist sie aber nicht.

Ob die Büchelsteiner und die Regener immer noch über den Ursprung des Eintopfes streiten, ist nicht bekannt. Was allerdings als erwiesen gilt, ist, dass er 1894 erstmals in einem Kochbuch erwähnt wurde.

(Quelle: Wikipedia)

Pichelsteiner Eintopf

Zutaten:

2 kg Fleisch ohne Knochen

Am besten je ein Drittel Schweine-, Rind- und Lammfleisch. Sie können aber auch nach Geschmack und Verfügbarkeit je zwei der Sorten mischen. Verwenden Sie Fleisch, das sich auch für Gulasch eigenen würde. Im Zweifelsfall fragen Sie den Metzger Ihres Vertrauens.

1 ½ kg festkochende Kartoffeln
1 Sellerieknolle
1 kg Karotten
3 Lauchstangen
Salz
4 TL Majoran
4 TL Kümmel
Pfeffer
4 Lorbeerblätter
1 Suppenwürfel
etwas Chilipulver
1 Hand voll Pfefferkörner

Der Pichelsteiner Eintopf wird in Lagen zubereitet. Dabei schichten Sie abwechselnd Fleisch und Gemüse übereinander, etwa in dieser Reihenfolge:

Zubereitung:

1. Ein Viertel des Fleisches in mundgerechte Würfel schneiden und in den 9-Liter-Topf legen.
2. Kartoffeln schälen, ebenfalls würfelig schneiden und darüber schichten. Mit je einem TL Salz, Majoran und Kümmel, etwas Pfeffer und einem Lorbeerblatt würzen.
3. Ein weiteres Viertel des Fleisches in Würfel geschnitten darüber legen.

4. Die Sellerieknolle schälen und klein würfeln. Über das Fleisch schichten und mit je einem TL Salz, Majoran und Kümmel, etwas Pfeffer und einem Lorbeerblatt würzen.
5. Nochmals ein Viertel geschnittenes Fleisch aufschichten.

Stellen Sie an dieser Stelle schon mal zwei Liter Wasser zum Kochen auf, entweder in einem kleinen Topf oder im Wasserkocher.

6. Die Karotten schälen, in Ringe schneiden und in den Topf schichten. Wieder mit je einem TL Salz, Majoran und Kümmel, etwas Pfeffer und einem Lorbeerblatt würzen.
7. Die letzte Schicht Fleisch wie gehabt würfelig schneiden und zugeben.
8. Zuletzt den Lauch putzen, waschen und in Ringe schneiden. Auf den Eintopf legen und wie gehabt mit je einem TL Salz, Majoran und Kümmel, etwas Pfeffer und einem Lorbeerblatt würzen.
9. Abschließend mit einem Suppenwürfel, etwas Chilipulver und einer Hand voll Pfefferkörnern würzen, mit dem heißen Wasser übergießen und aufs Feuer stellen. Aufkochen lassen und bei kleiner Hitze etwa 2 Stunden köcheln lassen.

Ab hier können Sie den Eintopf getrost sich selbst überlassen. Putzen Sie die Wohnung, machen Sie sich hübsch und empfangen Sie ausgeruht die ersten Gäste.

10. Den fertigen Eintopf mit Salz und Pfeffer abschmecken und heiß servieren.

Spanischer Gemüseeintopf

Zutaten:

1 ½ kg fest kochende Kartoffeln
1 ½ kg Zwiebeln
1 ½ kg grüne Paprika
1 ½ kg Tomaten
16 Knoblauchzehen
4 TL Salz
Pfeffer
6 rote Chilis
½ l Olivenöl

Zubereitung:

Auch dieser Eintopf ist in Schichten aufgebaut:

1. **Schicht:** Geschälte, in Würfel geschnittene Kartoffeln.
2. **Schicht:** Geschälte, grob gehackte Zwiebeln.
3. **Schicht:** Gewaschene und in Stücke geschnittene Paprika
4. **Schicht:** Gewaschene, in Achtel geschnittene Tomaten.

Jede Gemüseschicht wird mit einem TL Salz, 4 zerdrückten Knoblauchzehen, frisch geriebenem Pfeffer und einigen Chiliringen gewürzt.

Alles mit dem Olivenöl übergießen, erhitzen und zugedeckt bei mittlerer Hitze kochen lassen. Nicht umrühren! Nach etwa 30 bis 40 Minuten sind die Zutaten gar. Mit Stangenweißbrot servieren.

Sobald der Eintopf auf dem Herd steht, können Sie sich in aller Ruhe auf das Fest vorbereiten, Küche und Wohnzimmer aufräumen, Getränke einkühlen oder auch schon die ersten Gäste begrüßen.

Serbische Bohnensuppe

Zutaten:

2 Bund Suppengrün
1 kg Zwiebeln
4 Knoblauchzehen
Öl
1 kg fest kochende Kartoffeln
4 EL Mehl
4 TL Paprikapulver
Chilipulver nach Geschmack
1 kg Tomaten
4 grüne Paprika
4 Paar Knoblauchwürste
2 große Dosen weiße Bohnen
4 EL Tomatenmark
Majoran
Petersilie
Salz

Für eine vegane Variante können Sie einfach die Knoblauchwürste weglassen. Ob der Eintopf dann noch „serbisch" zu bezeichnen ist, darüber ließe sich streiten.

Zubereitung:

→ Suppengrün putzen und waschen. Zwiebeln und Knoblauch schälen. Alles sehr klein schneiden.

→ Öl im 9-Liter-Topf erhitzen und die Zwiebeln darin glasig braten. Knoblauch und Suppengrün zugeben und mitschmoren. In der Zwischenzeit die Kartoffeln schälen und klein würfeln.

→ Die Zwiebelmischung mit Mehl bestäuben, Paprika und Chilipulver zugeben und einmal gut umrühren. Kartoffeln beifügen, mit Wasser aufgießen und aufkochen lassen.

→ Unterdessen die Tomaten waschen, würfelig schneiden und zum Eintopf geben. Alles 25 Minuten köcheln lassen.

→ Paprikaschoten waschen, halbieren, die Kerne und weißen Wände entfernen und die Paprika klein würfeln. Knoblauchwurst in Scheiben schneiden. Bohnen mit kaltem Wasser abspülen.

→ Paprika, Knoblauchwurst und Bohnen zum Gemüse geben und 10 Minuten mitkochen lassen. Tomatenmark, Gewürze und Kräuter zugeben und würzig abschmecken. Mit Schwarzbrot servieren.

Suppe, Politik & Fußball:

Kantine streicht serbische Bohnensuppe

Das WM-Spiel der deutschen Nationalmannschaft gegen Serbien hat Auswirkungen auf das Mittagsmenü: Die Aachener Polizeikantine wollte eigentlich serbische Bohnensuppe servieren – doch die verschwand plötzlich vom Speiseplan.

Aachen – WM-Vorbereitung der besonderen Art: Um die Stimmung vor dem zweiten Spiel der deutschen Elf nicht unnötig aufzuheizen, hat das Personal der Aachener Polizeikantine spontan das Mittagsmenü geändert.

Serbische Bohnensuppe stand eigentlich für Freitag auf dem Plan. Das fanden die Köche vor der Begegnung zwischen Deutschland und Serbien nun offenbar unangebracht – deshalb gibt es plötzlich *„Schnittbohnensuppe mit Würstchen und Brötchen"* zum Mittagessen.

Der Aachener Polizeisprecher Paul Kemen sagte, der Koch sei *„fein der polizeilichen Linie des Deeskalationsprinzips folgend"* umgeschwenkt. *„Die Antwort liegt eben auf'm Platz und nicht in der Kantine!"*

(Quelle: dpa/spiegel.de, 18. Juni 2010)

Sardischer Gemüseeintopf

Zutaten:

4 Zwiebeln
4 Knoblauchzehen
Öl
6 grüne Chilis
1 Sellerie
½ kg fest kochende Kartoffeln
10 EL Tomatenmark
½ kg Karotten
1 Stangensellerie
Salz
Pfeffer
1 Msp. Piment (Neugewürz)
1 Msp. Zimt
Thymian
Oregano
Rosmarin
Salbei
3 Paprika (rot, gelb, grün)
150 g Reis
2 kleine Dosen Kidneybohnen
1 kg Tiefkühl-Erbsen

Zubereitung:

→ Zwiebeln und Knoblauch schälen und fein hacken. Öl im 9-Liter-Topf erhitzen, Zwiebeln und Knoblauch darin anrösten. Chilis waschen und mit der Küchenschere in Ringe schneiden. Mit den Zwiebeln mitrösten.
→ In der Zwischenzeit die Sellerieknolle schälen und in mundgerechte Stücke schneiden. Kartoffeln schälen und würfeln.
→ Sobald die Zwiebeln glasig sind, das Tomatenmark zufügen. Selleriestücke und nach 5 Minuten auch die Kartoffelwürfel beigeben, gut durchrühren und schmoren lassen.
→ Karotten schälen, Stangensellerie putzen, beides in Ringe schneiden und zum Eintopf geben. Mit reichlich Wasser aufgießen, mit den Gewürzen und Kräutern würzen und einmal aufkochen lassen. 10 bis 15 Minuten köcheln lassen.
→ Paprika waschen, Kerne und weiße Wände entfernen und würfelig schneiden. Reis waschen, Bohnen abspülen. Paprikawürfel, Reis, Bohnen und Erbsen zum Eintopf geben und alles etwa 10 Minuten weiter kochen lassen. Abschmecken und den Eintopf mit Weißbrot servieren.

SOPA DE ERVILHA COM ESPINAFRE

Portugiesischer Erbsen-Spinat-Eintopf

Zutaten:

4 Zwiebeln
4 Knoblauchzehen
Öl
2 kg mehlige Kartoffeln
1 kg Karotten
Salz
Pfeffer
Chilipulver nach Geschmack
1 Msp. Gelbwurz
800 g Tiefkühl-Blattspinat
800 g Tiefkühl-Erbsen

Küchenportugiesisch:
ervilha = Erbsen
espinafre = Spinat
sopa = Suppe

Zubereitung:

→ Zwiebeln und Knoblauch schälen und fein hacken.

→ Öl im 9-Liter-Topf erhitzen und die Zwiebeln und den Knoblauch darin goldgelb anrösten.

→ In der Zwischenzeit die Kartoffeln schälen, würfelig schneiden und zugeben. Danach auch die Karotten schälen und in Ringe schneiden. Ebenfalls zugeben. Alles einmal gut durchrühren.

→ Mit Wasser aufgießen, würzen und etwa 20 Minuten kochen.

→ Wenn das Gemüse fast (aber nicht ganz!) gar ist, Spinat und Erbsen zugeben und weiter köcheln lassen, bis beides aufgetaut ist.

→ Den Eintopf würzig abschmecken und mit Weißbrot servieren.

Andalusischer Bohnentopf

Zutaten:

3 Zwiebeln
3 Knoblauchzehen
3 grüne Chilis
Olivenöl
1 kg Pastinaken
1 kg Tomaten
2 kleine Dosen Kidneybohnen
1 große Dose weiße Bohnen
1 kg Tiefkühl-Fisolen (tiefgekühlte Grüne Bohnen)
1 Prise Safran
Salz
Pfeffer
Tomatenmark

Sollten Sie keine Pastinaken auf dem Markt finden, können Sie diese auch durch eine mittelgroße Sellerieknolle ersetzen.

Dekoration:

1 Bund frische Petersilie

Zubereitung:

→ Zwiebeln und Knoblauch schälen und fein hacken. Chilis waschen und mit der Küchenschere in feine Ringe schneiden. Öl im 9-Liter-Topf erhitzen und Zwiebeln, Knoblauch und Chilis darin andünsten.

→ In der Zwischenzeit die Pastinaken schälen und würfelig schneiden. Etwa 10 Minuten mitdünsten, dann mit Wasser löschen, zum Kochen bringen und etwa 20 Minuten köcheln lassen.

→ Währenddessen die Tomaten waschen, von den Stielansätzen befreien und würfelig schneiden. Die Bohnen mit klarem Wasser abspülen und abtropfen lassen. Tomaten, Bohnen und Fisolen zum Eintopf geben und weitere 10 Minuten kochen.

→ Mit Safran, Salz, Pfeffer und Tomatenmark abschmecken.

→ Petersilie waschen, die Blättchen abzupfen und fein hacken. Den Eintopf mit der gehackten Petersilie bestreut servieren.

Pastinaken zählen zu den ältesten Nahrungspflanzen Eurasiens. Bis Mitte des 18. Jahrhunderts waren sie eines der wichtigsten Grundnahrungsmittel des Kontinents. Erst danach wurden sie von Kartoffeln und Karotten verdrängt.

Lange Zeit galten Pastinaken als „Kartoffeln des armen Mannes". Nach dem Krieg wurden sie lange überhaupt nur noch als Schweinefutter verwendet. Erst in den letzten Jahren feiert dieses gesunde Wurzelgemüse ein Comeback in den Kochtöpfen der Spitzenköche, die den würzigen, leicht nussigen Geschmack schätzen.

Auch die jungen Blätter der Pastinake eignen sich hervorragend zum Kochen, zum Beispiel als Beigabe zu Suppen und Saucen. Sie sind aber leider nur selten erhältlich.

Pastinaken-Wurzeln werden von Mitte September bis in den März hinein geerntet. Wobei sie erst nach dem ersten Frost das typische süßliche Aroma entwickeln.

Provenzalischer Eintopf

Zutaten:

3 Zwiebeln
1 kg Tomaten
2 Sellerieknollen
Öl
Salz
Pfeffer
1 EL Oregano
1 EL Majoran
1 EL Rosmarin
Tomatenmark
3–4 grüne Chilis
300 g Reis
1 Becher Sauerrahm

Zubereitung:

→ Zwiebeln schälen und in dünne Scheiben schneiden. Tomaten waschen und grob würfeln. Sellerieknollen schälen und in mundgerechte Stücke schneiden.

→ Öl im 9-Liter-Topf erhitzen und Zwiebeln darin glasig dünsten. Erst die Selleriestückchen und etwas später die Tomatenwürfel zugeben und alles etwa sechs Minuten schmoren lassen.

→ Danach mit 2 ½ Liter Wasser aufgießen, mit Salz, Pfeffer, Kräutern und etwa 4 cm Tomatenmark (aus der Tube) würzen. Aufkochen lassen.

Wer es gern scharf hat, kann noch ein paar Chilis in den Topf schneiden.

→ Alles etwa 45 Minuten köcheln lassen. Etwa 10 Minuten vor Ende der Kochzeit, wenn das Gemüse schon fast weich ist, den gut gewaschenen Reis unterrühren und quellen lassen.

→ Den fertigen Eintopf mit einem Klecks Sauerrahm und gehackten Kräutern garniert servieren.

Tomaten-Eintopf mit Kichererbsen

Zutaten:

6 Zwiebeln
3 Knoblauchzehen
Öl
1 kg gemischtes Gemüse der Saison
6 rote Chilis
4 Dosen Tomaten (à 800 g)
2 TL Oregano
2 TL Thymian
4 TL Zucker
4 Dosen Kichererbsen (à 400 g)
Salz, Pfeffer
2 Becher Sauerrahm

Dieser einfache und rasche Eintopf eignet sich gut dazu, Gemüsereste zu verkochen. Sie können alles verwenden, worauf Sie Gusto haben (oder was Sie noch im Kühlschrank finden). Achten Sie jedoch auf die unterschiedlichen Garzeiten der Gemüsesorten.

Zubereitung:

→ Zwiebeln schälen und fein hacken, Knoblauch schälen. Öl im 9-Liter-Topf erhitzen, Zwiebelstückchen zufügen und Knoblauchzehen durch die Knoblauchpresse direkt in den Topf drücken. Zwiebel-Knoblauch-Mischung goldgelb anrösten.

→ Währenddessen das Gemüse (je nach Sorte) putzen, schälen, in mundgerechte Stücke schneiden und nach und nach in den Topf geben. Chilis direkt über dem Topf in feine Ringe schneiden. Alles einige Minuten anrösten. Zum Schluss die Tomaten in den Eintopf hacken, Kräuter und Gewürze zugeben und alles gut durchmischen.

→ Kichererbsen in einem großen Küchensieb abtropfen lassen, mit kaltem Wasser abspülen und zum Gemüse geben. Eventuell mit etwas Wasser verdünnen. Alles aufkochen lassen und etwa 20 Minuten köcheln, bis das Gemüse gar ist.

→ Nochmals abschmecken und mit etwas Sauerrahm garniert servieren.

Ratatouille

Französischer Gemüsetopf

Zutaten:

4 Zwiebeln
2 Knoblauchzehen
Öl
1 kg fest kochende Kartoffeln
3 Fenchelknollen
3 Zucchini
4 Paprika
2 Auberginen
4 große, reife Tomaten
Salz
Pfeffer
2 TL Kreuzkümmel
1 Msp. Gelbwurz
4 Lorbeerblätter
Thymian
Petersilie
Chilipulver nach Geschmack
Tomatenmark
Zitronensaft

Zubereitung:

→ Die Zwiebeln schälen und in feine Ringe schneiden. Den Knoblauch schälen und fein hacken.

→ Öl im 9-Liter-Topf erhitzen und die Zwiebeln und den Knoblauch darin goldgelb anrösten.

→ In der Zwischenzeit die Kartoffeln schälen und grob würfelig schneiden. Kurz mit den Zwiebeln mitrösten.

→ Den Fenchel putzen und in feine Streifen schneiden. Ebenfalls zugeben.

→ Die Zucchini waschen und in dicke Scheiben schneiden. Die Paprika waschen, von den Kernen und weißen Wänden befreien und in Streifen schneiden. Zum Eintopf geben.

→ Die Auberginen waschen und in etwa 2 cm große Würfel schneiden. Zuletzt noch die Tomaten waschen und grob würfeln. Beides zum Eintopf geben, alles mit Wasser knapp bedecken, würzen und zum Kochen bringen. Das Ratatouille bei niedriger Hitze etwa 30 Minuten langsam köcheln lassen.

→ Mit Tomatenmark und eventuell etwas Zitronensaft abschmecken und mit Weißbrot servieren.

Das Wort „Ratatouille" kommt vom französischen Verb „touiller" für umrühren. Ursprünglich war Ratatouille ein reines Regionalgericht aus dem Südosten Frankreichs. Erst im 20. Jahrhundert wurde es überregional bekannt. Das erste gedruckte Rezept erschien um 1930.

Minestrone

Zutaten:

4 Zwiebeln
6 Knoblauchzehen
Olivenöl
6 grüne Chilis
3–4 kg gemischtes Gemüse nach Geschmack und Jahreszeit
Kartoffeln, Karotten, Zucchini, Fisolen (Grüne Bohnen), Broccoli, Erbsen, Lauch, Sellerie etc.
½ l trockener Weißwein
1 große Dose Mais
2 kleine Dosen Tomaten
1 Msp. Muskat
Salz
Pfeffer
8 EL italienische Kräuter
Basilikum, Oregano, Thymian, Salbei etc.
(Nudeln oder Reis nach Laune)
100 g Parmesan oder Pecorino

Zubereitung:

→ Zwiebeln schälen und fein würfeln, Knoblauch schälen. Öl im 9-Liter-Topf erhitzen. Zwiebeln und durch die Knoblauchpresse passierten Knoblauch darin goldgelb anbraten. Chilis mit der Küchenschere direkt über dem Topf in feine Ringe schneiden.

→ Das Gemüse je nach Sorte waschen, schälen und in gleichmäßige Würfel schneiden. Je nach Garzeit zugeben und mitdünsten lassen.

→ Mit Weißwein und Wasser ablöschen, den Mais und die gehackten Tomaten zugeben und aufkochen lassen. Mit Salz, Pfeffer, Muskat und italienischen Kräutern würzen.

Wenn Sie Nudeln oder Reis für Ihre Minestrone verwenden möchten, dann ist jetzt ein guter Zeitpunkt, diese zuzufügen. Beachten Sie dabei die Kochzeit auf der Packung!

→ Die Suppe köcheln lassen, bis das Gemüse und Nudeln oder Reis weich sind. Anrichten und mit geriebenem Parmesan oder Pecorino bestreut servieren.

Minestrone ist im Übrigen auch lauwarm oder kalt köstlich. Die Italiener essen ihre Gemüsesuppe am liebsten aufgewärmt!

Die italienische Minestrone ist eine sehr variantenreiche Suppe. Fast jede Stadt (oder zumindest Region) hat ihr eigenes Rezept. So wird sie in Mailand mit Bohnen, Selchspeck (Räucherspeck), Nudeln oder Reis serviert. In Genua wird Pesto hinzugefügt. Probieren Sie auf Basis dieses Grundrezepts selbst aus, wie sie Ihnen am besten schmeckt.

Griechische Hirtensuppe

Dieser leckere, herzhafte Eintopf ist in der Zubereitung etwas heikler als die meisten anderen Gerichte in diesem Buch, da man ihn nicht allein lassen kann. Er brennt sonst an oder die Milch schäumt über oder beides. Während der Zubereitung sollten Sie stets ein Auge auf den Topf haben und häufig umrühren. Davon abgesehen ist das Rezept aber sehr unkompliziert und gelingt praktisch immer.

Zutaten:

400 g magerer Selchspeck (Räucherspeck)
4 Zwiebeln
4 Knoblauchzehen
Öl
4 EL Thymian
4 EL Oregano
1 kg frischer Spinat
oder
1 kg Sauerampfer, Spinat, Rucola und junge Brennnesselblätter gemischt
oder
800 g Tiefkühl-Blattspinat
2 EL Mehl
2 l Milch
2 kg fest kochende Kartoffeln
200 g Reis
Salz
Pfeffer
1–2 Suppenwürfel

Zubereitung:

→ Speck in kleine Würfel schneiden. Zwiebeln schälen und ebenfalls würfelig schneiden. Knoblauch schälen und fein hacken.

→ Öl im 9-Liter-Topf erhitzen und Speck, Zwiebeln und Knoblauch darin anbraten, bis Speck und Zwiebeln glasig sind. Oregano und Thymian zugeben und alles gut vermischen.

Wenn Sie frisches Gemüse verwenden, dieses nun waschen, putzen, etwaige harte Stiele entfernen und ebenfalls zugeben.

→ Die Mischung etwas dünsten lassen, mit dem Mehl stauben, gut umrühren und anschließend die Milch langsam unter ständigem Rühren einfließen lassen. Mit etwa 2 Litern Wasser verdünnen und die Suppe zum Kochen bringen.

→ In der Zwischenzeit die Kartoffeln schälen und grob in die Suppe raffeln. Die Enden, die Sie dabei nicht mehr verletzungsfrei halten können, klein würfelig schneiden und ebenfalls zugeben.

→ Alles etwa 20 Minuten kochen lassen. Dabei oft umrühren, da sich diese Mischung sehr leicht anlegt und die Milch zudem zum Überkochen neigt.

Wenn Sie tiefgekühlten Spinat verwenden, geben Sie diesen jetzt stückchenweise in den Eintopf. So können Sie die Temperatur im Topf regulieren. Wenn die Suppe zu stark kocht, einfach ein Stückchen Tiefgefrorenes dazu und umrühren.

→ Sobald der Spinat zur Gänze aufgetaut ist, den Reis einrieseln lassen, mit Salz, Pfeffer und eventuell ein bis zwei Suppenwürfeln abschmecken und köcheln lassen, bis der Reis gar ist. Bei Bedarf noch etwas Wasser zufügen.

Juvetsi

Juvetsi ist ein Klassiker der griechischen Küche. Ich habe diesen Eintopf zum ersten Mal als Kind bei einem der zahlreichen Griechenland-Urlaube meiner Familie gegessen. Dieses Rezept habe ich von der Köchin einer winzigen Taverne eines verschlafenen Fischerdorfes am westlichen Finger des Peloponnes. Damit der Eintopf authentisch wird, ist es absolut wichtig, die richtigen Nudeln zu verwenden!

Zutaten:

1 kg Zwiebeln
4 Knoblauchzehen
Olivenöl
3 kg Gulaschfleisch
vom Rind, Schwein oder Lamm
2 große Dosen Tomaten (à 800 g)
Tomatenmark
4 Lorbeerblätter
8 Gewürznelken
1 Zimtstange
1–2 EL Thymian
1–2 EL Oregano
1 Msp. gemahlener Koriander
Chilipulver nach Geschmack
Salz
Pfeffer
1 ½ kg Kritharaki

Dekoration:

200 g Schafskäse
oder
1 l Tsatsiki

Kritharaki sind kleine Nudeln in Getreidekorn- bzw. Reisform, die häufig Verwendung in der griechischen Küche finden. Sie sind auch unter den Namen Orzo oder Manestra, in der italienischen Küche unter den Pasta-Namen Risoni bzw. Risi bekannt. Gibt's im türkischen Supermarkt.

Zubereitung:

→ Zwiebeln und Knoblauch schälen und fein hacken. Olivenöl im 9-Liter-Topf (nicht zu heiß) erhitzen und Zwiebeln und Knoblauch darin etwas Farbe nehmen lassen.

→ In der Zwischenzeit das Fleisch von Sehnen und Ähnlichem befreien und in mundgerechte Würfel schneiden. Kurz mit den Zwiebeln mitrösten und anschließend mit den Dosentomaten löschen. Tomatenmark und Gewürze zufügen und aufkochen lassen. Alles zugedeckt etwa eine Stunde köcheln lassen.

→ Zum Schluss die Kritharaki mit etwas Wasser zugeben und die Nudeln weich kochen. Nochmals abschmecken und mit ein paar Streifen Schafskäse oder einem Klecks Tsatsiki garniert servieren.

Türkischer Zucchini-Linsen-Eintopf

Zutaten:

1 kg grüne Linsen
4 große Zwiebeln
6 Knoblauchzehen
Olivenöl
8 EL Tomatenmark
grüne Chilis nach Geschmack
8 Zucchini
Salz
Pfeffer
Gelbwurz
gemahlener Kreuzkümmel
Liebstöckl
Zitronensaft
Zucker
1 Bund Pfefferminze

Zubereitung:

→ Die Linsen waschen, Verunreinigungen entfernen, und etwa ½ Stunde in Wasser einweichen.

→ Zwiebeln und Knoblauch schälen und fein hacken. Olivenöl im 9-Liter-Topf nicht zu heiß erhitzen (der Boden sollte gerade bedeckt sein), Zwiebeln und Knoblauch darin etwa 5 Minuten andünsten. Tomatenmark zugeben und kurz mitbraten.

→ Die Linsen abseihen, zu der Zwiebelmischung zugeben und mit etwa 2 ½ Liter frischem Wasser aufgießen. Kräftig umrühren, zum Kochen bringen und etwa 20 Minuten köcheln lassen.

Wenn Sie es gern etwas schärfer mögen, können Sie nun die Chilis hinzufügen. Schneiden Sie dafür die gewaschenen Chilis mit der Küchenschere direkt über dem Topf in feine Scheiben.

→ In der Zwischenzeit die Zucchini waschen, die Stiele entfernen und die Zucchini in etwa ½ cm dicke Scheiben schneiden.

→ Zucchini und Gewürze zu den Linsen geben und weitere 10 Minuten mitkochen lassen. Mit Zitronensaft und Zucker abschmecken und eventuell nachwürzen.

→ Die Minze waschen und durch Ausschlagen trocknen, unschöne Blätter entfernen und den Rest in Streifen schneiden. Den Eintopf mit der frischen Minze bestreut servieren.

Wer keine frische Pfefferminze zu Hause hat, kann ein paar Beutel Pfefferminztee aufschneiden und den Inhalt in den Topf geben. Das ist zwar nicht so dekorativ, hat aber eine ähnliche geschmackliche Wirkung.

Dazu passt am besten Fladenbrot.

Maghreb-Eintopf

„Der Maghreb ist ein heiliger Vogel. Sein Leib ist Algerien, sein rechter Flügel Tunesien, sein linker Marokko.“ (Arabisches Sprichwort)

Zutaten:

5 Zwiebeln
Olivenöl
1 kg Putenschnitzel
1 kg Karotten
1 kg fest kochende Kartoffeln
2 kleine Dosen Tomaten (à 480 g)
1 TL Cayennepfeffer
1 Msp. Piment (Neugewürz)
Salz
Pfeffer
1 EL gemahlener Kreuzkümmel
2 EL gehackte Petersilie
3 grüne Chilis
1 kg Zucchini
2 große Dosen Kichererbsen

Zubereitung:

→ Zwiebeln schälen und fein würfeln. Öl im 9-Liter-Topf erhitzen und Zwiebeln darin goldgelb anbraten. Putenschnitzel in kleine Stücke schneiden und mitbraten.

→ Inzwischen die Karotten und Kartoffeln schälen und in mundgerechte Stücke schneiden. Mit den in Stücke gehackten Tomaten in den Topf geben. Würzen. Die Chilis waschen und mit der Küchenschere direkt in den Topf schneiden. Mit Wasser auffüllen, zum Kochen bringen und alles 10 bis 15 Minuten schmoren lassen.

→ Nun die Zucchini waschen und in etwa 2 cm dicke Scheiben schneiden, die Kichererbsen abspülen und beides weitere 10 Minuten mitköcheln lassen. Den Eintopf mit Fladenbrot servieren.

Callaloo ist eines der beliebtesten Rezepte der Karibik. Angeblich ursprünglich aus Trinidad und Tobago kommend, wird dieser Eintopf im gesamten karibischen Raum zubereitet. Die Hauptzutat bildet ein Blattgemüse. Traditionell werden die Blätter des Amaranth verwendet, es können aber auch andere Gemüsearten wie zum Beispiel Spinat verwendet werden. Gewürzt wird mit Zwiebeln und Knoblauch.

Hier eine besonders schmackhafte Version dieses traditionsreichen Gerichts mit Shrimps. Sie können stattdessen aber auch Krebsfleisch oder – für Vegetarier – Seitan (siehe Rezept Seite 157) oder Tofu verwenden.

Callaloo

Zutaten:

1 kg Zwiebeln
8 Knoblauchzehen
Öl
1 kg Karotten
800 ml Kokosmilch
1 Suppenwürfel
Chilipulver nach Geschmack
Salz
Pfeffer
1 kg Shrimps oder Krebsfleisch, Seitan oder Tofu

Falls es für Sie schwierig ist, an frische Shrimps zu kommen, können Sie auch vorgekochte tiefgekühlte verwenden, so wie ich das gern tue.

1 ½ kg Tiefkühl-Blattspinat
Tabasco
1 Zitrone

Zubereitung:

→ Zwiebeln schälen und fein hacken. Knoblauch schälen. Öl im 9-Liter-Topf erhitzen und die Zwiebeln darin glasig anbraten. Knoblauch durch die Knoblauchpresse in den Topf pressen und kurz mitdünsten lassen.

→ Unterdessen die Karotten schälen und in Scheiben schneiden. Kurz mit anbraten, dann mit etwa 2 Litern Wasser und der Kokosmilch löschen. Mit Suppenwürfel, Chilipulver, Salz und Pfeffer würzen und etwa 10 Minuten köcheln lassen.

→ Danach die Shrimps und den Spinat zugeben, noch einmal aufkochen lassen und weitere 10 Minuten kochen lassen, bis alles gar ist.

→ Mit einigen Spritzern Tabasco und Zitronensaft abschmecken.

Linsensuppe „Münzenzauber"

Zutaten:

1 kg braune und grüne Linsen (gemischt)
4 Zwiebeln
Öl
4 Pastinaken
6 TL Kreuzkümmelsamen
3 TL Curry-Madras-Gewürzmischung
Salz
Kerbel
Thymian
Petersilie
4 rote Paprika
6 TL Balsamico-Essig
½ TL Gelbwurz
½ Zitrone
Sambal Oelek

Dekoration:

1 Becher Joghurt

Sambals sind dickflüssige Würzsaucen aus Indonesien, die traditionell in kleinen Schälchen als Würzbeilage zu Gemüse, Huhn, Fisch und Reis gereicht werden. Sambal Oelek ist ein besonders scharfes Sambal, das nur aus rohen, zerkleinerten roten Chilis, Salz und Essig besteht.

Zubereitung:

→ Linsen am Vorabend gut abspülen und in Wasser einweichen.

→ Zwiebeln schälen und fein hacken. Öl im 9-Liter-Topf erhitzen und die Zwiebeln darin andünsten. In der Zwischenzeit die Pastinaken schälen und würfelig schneiden. Kurz mit den Zwiebeln mitrösten.

→ Kreuzkümmel im Mörser leicht zerstoßen, zusammen mit dem Currypulver zugeben und ebenfalls kurz anrösten.

→ Danach die eingeweichten, abgetropften Linsen zufügen, Wasser zusetzen, mit Salz und Kräutern würzen und alles etwa 30 Minuten köcheln lassen. Dabei gelegentlich umrühren.

→ In der Zwischenzeit die Paprika waschen, halbieren, Kerne und weiße Wände entfernen und die Paprika klein würfeln. Etwa 10 Minuten mitkochen lassen.

→ Mit Balsamico-Essig, Gelbwurz, Zitronensaft und Sambal Oelek abschmecken und mit einem Klecks Joghurt garniert servieren.

→ Dazu passt Fladenbrot.

Arabischer Kichererbsen-Eintopf
mit Spinat

Zutaten:

2 Zwiebeln
3 Knoblauchzehen
Öl
6 grüne Chilis
2 TL Kreuzkümmel
1 TL Gelbwurz
2 TL Paprikapulver
1 TL Zimt
Salz
Pfeffer

2 EL Tomatenmark
1 kg fest kochende Kartoffeln
1 kg Karotten
1 kleine Dose Tomaten
2 große Dosen Kichererbsen
3 kleine Dosen Kidneybohnen
etwas frische Minze
2 Zitronen
800 g Tiefkühl-Spinat

Die Suppe schmeckt auch am nächsten Tag noch sehr gut, wenn alles schön durchgezogen ist.

Zubereitung:

→ Zwiebeln schälen und fein würfeln, Knoblauch schälen. Öl im 9-Liter-Topf erhitzen und Zwiebeln darin goldgelb anbraten. Knoblauchzehen durch die Knoblauchpresse passieren, gewaschene Chilis mit der Küchenschere direkt über dem Topf in feine Ringe schneiden und beides ebenfalls kurz mitrösten. Gewürze und Tomatenmark zugeben, gut umrühren und mit wenig Wasser löschen.
→ Kartoffeln und Karotten schälen, in gleichmäßige Würfel schneiden und ebenfalls mitdünsten. Tomaten in der Dose hacken und zugeben.
→ Kichererbsen und Kidneybohnen abspülen und zum Eintopf geben. Mit Wasser bedecken und alles etwa 15 Minuten kochen lassen, bis das Gemüse fast weich ist.
→ In der Zwischenzeit die Minze waschen, abtupfen und fein hacken. Die Zitronen auspressen. Spinat und Minze zugeben, mit Zitronensaft abschmecken und unbedeckt so lange köcheln lassen, bis der Spinat aufgetaut ist. Nach Geschmack nachwürzen.

Chili con Carne

Chili con Carne ist ein äußerst beliebtes Partyrezept. So beliebt, dass es in meinem Freundeskreis eine Zeit lang fast nichts anderes mehr zu essen gab. Dieses außergewöhnliche Chili-Rezept ist allerdings so lecker, dass es trotzdem Eingang in mein Kochbuch gefunden hat.

Zutaten:

1 kg Zwiebeln
6 Knoblauchzehen
8 grüne Chilis
Öl
1 ½ kg Faschiertes (Hackfleisch)
4 EL Tomatenmark
3 große Dosen Tomaten (à 800 g)
6 Lorbeerblätter
Salz
Pfeffer
4 TL Kreuzkümmel
2 Zimtstangen
3 kleine Dosen rote Bohnen
2 große Dosen Mais
4 Paprika (rot, gelb, grün, orange)
150 g Kochschokolade
Chilipulver nach Geschmack

Zubereitung:

→ Zwiebeln schälen und fein würfeln. Knoblauch schälen, Chilis waschen. Öl im 9-Liter-Topf erhitzen und die Zwiebeln darin anschwitzen. Knoblauch durch die Knoblauchpresse in den Topf drücken, Chilis mit der Küchenschere in Ringe schneiden.

→ Faschiertes zugeben, mit dem Kochlöffel zerteilen und scharf anbraten. Mit Tomatenmark und den gehackten Dosentomaten löschen, mit Lorbeerblättern, Salz, Pfeffer, Kreuzkümmel und Zimtstangen würzen und zum Kochen bringen.

→ Bohnen und Mais mit kaltem Wasser abspülen. Paprika waschen, Kerne und weiße Wände entfernen, Paprika würfelig schneiden. Alles in den Topf geben und etwa 30 Minuten köcheln lassen. Zum Schluss noch die Schokolade im Eintopf schmelzen lassen, gut durchrühren und eventuell mit Chilipulver nachwürzen. Mit Weißbrot servieren.

Chili con Carne wird fälschlicher Weise häufig der mexikanischen Küche zugerechnet. Tatsächlich hat es seinen Ursprung im Süden der Vereinigten Staaten. In Mexiko findet man es nur im Grenzgebiet zu den USA oder in großen Touristenzentren.

Über kaum ein anderes Gericht wird so viel gestritten wie über Chili con Carne. Diskussionen über die ursprüngliche Herkunft, die richtigen Zutaten und sogar die Schreibweise erregen immer wieder die Gemüter der Chilifans.

Auf der nächsten Seite finden Sie zusätzlich eine vegetarische Chili-Variante.

Chili sin Carne

Zutaten:

4 Zwiebeln
4 Knoblauchzehen
Öl
4 TL Chilipulver nach Geschmack
6 TL gemahlener Kreuzkümmel
2 Zimtstangen
4 EL Tomatenmark
3 Dosen Tomaten (á 400 g)
4 Karotten
3 Paprika (rot, gelb, orange)
6 fest kochende Kartoffeln
300 g Champignons
3 Dosen Kidneybohnen (á 400 g)
1 große Dose Mais
½ kg Tiefkühl-Erbsen
Salz
Pfeffer
1 Suppenwürfel
(eventuell ein paar TL Kakaopulver)

Dekoration:

1 Bund Frühlingszwiebeln
1 Becher Crème Fraîche

Zubereitung:

→ Zwiebeln und Knoblauch schälen. Zwiebeln fein hacken. Öl im 9-Liter-Topf erhitzen und die Zwiebeln und den durch die Knoblauchpresse gepressten Knoblauch darin farblos anschwitzen.

→ Chilipulver, Kreuzkümmel, Zimtstangen und Tomatenmark zugeben, mit Wasser aufgießen und die Dosentomaten direkt in den Topf hacken.

→ Karotten schälen, würfeln und zugeben. Paprika halbieren, Kerne und weiße Wände entfernen und kleinwürfelig schneiden. Ebenfalls zugeben. Alles aufkochen und bei mittlerer Hitze unter häufigem Rühren etwa 10 Minuten kochen lassen.

→ Unterdessen die Kartoffeln schälen und in den Topf reiben. Champignons putzen und in feine Scheiben schneiden. Mais und Bohnen kalt abspülen und zusammen mit den Erbsen und den Champignons in den Eintopf geben. Alles nochmals 20 Minuten weiter köcheln lassen. Mit Salz, Pfeffer und Suppenwürfel abschmecken.

→ Frühlingszwiebeln waschen, putzen und in feine Ringe schneiden. Das Chili mit Zwiebelringen und Crème Fraîche garniert servieren.

Tipp: Wer seinem Chili einen extravaganten Touch verleihen möchte, kann noch etwas Kakaopulver zufügen.

IRISH STEW

Zutaten:

100 g magerer Selchspeck (Räucherspeck)
1 kg Zwiebeln
2 kg Lammfleisch
4 Knoblauchzehen
4 TL Petersilie
4 TL Rosmarin
4 TL Thymian
Salz
Pfeffer
1 kg fest kochende Kartoffeln
1 kg Karotten
1 großer Kohlkopf
3 Lauchstangen
1 Suppenwürfel
Chilipulver nach Geschmack

Ähnlich wie der Pichelsteiner Eintopf wird auch das Irish Stew in Schichten zubereitet. Sie können dafür die unterschiedlichsten Gemüsesorten verwenden. Dieses Rezept ist lediglich eine von vielen Möglichkeiten, dieses traditionelle Gericht zu kochen.

Zubereitung:

1. Speck in feine Scheiben schneiden und den Boden des Topfes damit auslegen.
2. Zwiebeln schälen, fein hacken und über die Speckstreifen schichten.
3. Etwa ein Viertel des Fleisches von Fett und Sehnen befreien, in mundgerechte Stücke schneiden und zugeben.

Schließen Sie diese Lage – wie auch alle anderen Fleisch-Schichten – mit einer zerdrückten Knoblauchzehe, 1 TL Petersilie, 1 TL Rosmarin, 1 TL Thymian sowie Salz und Pfeffer ab.

4. Kartoffeln schälen, in kleine Würfel schneiden und über das Fleisch schichten.
5. Nun folgt wieder eine Lage Lammfleisch, geputzt und in mundgerechte Stücke geschnitten. Würzen Sie wie gehabt.
6. Karotten schälen, in Scheiben schneiden und zugeben.
7. Die nächste Lage Lammfleisch darüber schichten und wie zuvor würzen.
8. Vom Kohl die äußeren Blätter entfernen, den Rest waschen, putzen, die harten Strünke entfernen und die Blätter nudelig schneiden. Ebenfalls zugeben.
9. Nun folgt das letzte Viertel des Lammfleisches. Putzen, schneiden und würzen Sie es wie zuvor.
10. Die letzte Lage bildet der Lauch. Putzen und waschen Sie ihn gründlich und schneiden Sie ihn in feine Ringe.

Abschließend mit einem Suppenwürfel und – nach Geschmack – mit etwas Chilipulver würzen, mit etwa 2 Litern heißem Wasser übergießen und aufs Feuer stellen. Aufkochen lassen und bei kleiner Hitze je nach Qualität des Fleisches 1 bis 2 Stunden köcheln lassen.

Ab hier können Sie das Stew einfach sich selbst überlassen. Genießen Sie schon mal ein schönes Glas irischen Biers während der Wartezeit.

Den fertigen Eintopf mit Salz und Pfeffer abschmecken und heiß servieren.

Irish Stew ist ein traditionelles irisches Gericht, dessen Hauptbestandteile Lammfleisch, Zwiebeln, Kartoffeln und Petersilie sind. Oft werden auch Karotten, Pastinaken und andere Gemüsesorten sowie verschiedene Gewürze wie Thymian und Rosmarin hinzugefügt.

In Irland gilt das Irish Stew als Arme-Leute-Essen. Heute wird es vor allem im ärmeren Norden des Landes gegessen. Aber auch die meisten Pubs führen es (wieder), häufig in unterschiedlichen Varianten mit Rindfleisch oder Geflügel.

Servieren Sie Irish Stew vorzugsweise an St. Patrick's Day. Der irische Feiertag zu Ehren des Nationalheiligen St. Patrick, der als der erste Missionar in Irland gilt, versetzt das Land alljährlich am 17. März in Ausnahmezustand.

In Dublin und den meisten anderen irischen Städten gibt es Paraden, Volksfeste und jede Menge – häufig in der irischen Nationalfarbe Grün eingefärbtes – Guinness.

Doch auch im Ausland wird der von Iren liebevoll „St. Paddy's Day" genannte Feiertag exzessiv gefeiert. So werden in einigen Städten (zum Beispiel in Chicago) sogar die Flüsse grün gefärbt.

Würziges Indien

Die indische Küche gehört zum Leckersten, das die Töpfe und Pfannen dieser Welt zu bieten haben. Dabei gibt es „die" indische Küche im engeren Sinn gar nicht. Die Kochkulturen in den verschiedenen Regionen des Subkontinets sind so unterschiedlich wie ihre geografischen und klimatischen Gegebenheiten, ihre kulturelle und historische Entwicklung und ihre religiösen und sozialen Einflüsse.

Charakteristisch für alle Regionen ist allerdings die Vielfalt der Gewürze, die in oft sehr komplexen Kombinationen zum Einsatz kommen. Viele dieser Gewürze der indischen Küche werden auch bei uns tagtäglich verwendet. Einige aber kommen bei uns nicht so häufig vor (und werden nicht im Supermarkt angeboten). Hier habe ich die in diesem Buch verwendeten „Exoten" für Sie zusammengestellt:

Asant (Asafoetida, Teufelsdreck)

Asant wird in der indischen Küche häufig als Ersatz für Zwiebeln verwendet, die für manche Inder als unrein gelten. Das Gewürz hat in rohem Zustand einen unangenehmen, beißenden Geruch, der erst beim Anbraten einem angenehmeren Aroma weicht. Asant ist ein Geschmacksverstärker und hilft zudem gegen Blähungen. Es sollte nur sparsam verwendet werden.

Bockshornklee (Methi, Fenugreek)

Von dieser Pflanze werden die grünen Blätter und die nach Sellerie schmeckenden Samen verwendet.

Curry

Wenn hier von „Curry“ (als Gewürz, nicht als Gericht) die Rede ist, so ist immer eine *Gewürzmischung* gemeint, die nichts mit dem gelben Pulver gemein hat, das man im Supermarkt kaufen kann. Wenn ich – was selten vorkommt – meine Gewürze nicht selbst zusammen mische, verwende ich ausschließlich eine *Curry-Madras-Mischung* vom Inder meines Vertrauens.

oder:

Garam Masala

Garam Masala ist eine Gewürzmischung aus dem Norden Indiens, die aus bis zu 15 verschiedenen Gewürzen besteht. Die Zubereitung dieser Mischung ist etwas aufwändig; zum Glück kann man Garam Masala aber beim indischen Spezialitätenhändler fertig kaufen.

Kardamom (Elaichi)

Kardamom-Samen haben ein frisches, an Zitrone und Kampfer erinnerndes Aroma. In den (grünen) Kapseln eingeschlossen behält das Gewürz sehr lange seinen typischen Geschmack. Zum Kochen werden die Kapseln im Mörser zerdrückt, um das Aroma freizusetzen.

Koriander (Cilantro, Dhania)

Vom Koriander werden sowohl die grünen Blätter als auch die (angerösteten und gemahlenen) Samen verwendet. Beide verleihen den indischen Gerichten ihren typischen Geschmack und sind aus der indischen Küche nicht wegzudenken.

Kreuzkümmel (Cumin, Jeera)

In Indien werden vor allem die ganzen Samen verwendet, die in etwas Fett mit den anderen Gewürzen angeröstet werden. Doch auch das gemahlene Pulver kommt zum Einsatz, wenn auch seltener als beispielsweise in der nordafrikanischen oder arabischen Küche.

Gelbwurz (Kurkuma)

Die Gelbwurz ist eines der traditionsreichsten Gewürze Indiens. Im Geschmack selbst eher bitter, rundet Gelbwurzpulver den Geschmack der anderen Zutaten ab und verleiht ihnen eine intensiv gelbe Farbe.

Senf (Rai)

Gemeint ist nicht die Paste in der Tube, sondern die Pflanze beziehungsweise deren Samen. Die indische Küche verwendet vor allem die braunen und schwarzen Senfkörner. Die im rohen Zustand fast geruchlosen Samen entfalten erst beim Anbraten ihr scharfes Aroma. Dabei beginnen sie nach einer Zeit wie Popcorn in der Pfanne zu springen, weshalb man immer einen Deckel zur Hand haben sollte.

Sternanis (Anasphal)

Sternanis ist zwar nicht mit Anis verwandt, ähnelt diesem aber geschmacklich stark.

Eine indische Mahlzeit besteht nie aus nur einem Gericht. Es werden zumindest Reis und pikante Soßen, Chutneys oder Pickles dazu gereicht, oft auch noch ein Hülsenfrucht-Gericht und Fladenbrot. Von „Eintöpfen" im engeren Sinn kann daher keinesfalls die Rede sein. Trotzdem lassen sich viele Rezepte gut zu Eintöpfen „umfunktionieren".

Auf den nächsten Seiten finden Sie einige Gerichte vom indischen Subkontinent, die Sie mit wenig Aufwand nachkochen können.

Dals sind ein hervorragender Einstieg in die indische Küche. Sie sind einfach und schnell zubereitet und gelingen praktisch immer. Die verwendeten Hülsenfrüchte sind gesund und machen satt.

Mit „Dal" (auch Daal, Dhal oder Dahl) werden in Indien sowohl die (geschälten, gespaltenen) Hülsenfrüchte wie Linsen, Kichererbsen oder Bohnen bezeichnet als auch die daraus gekochten Gerichte. Beides spielt in der indischen Küche eine wichtige Rolle als Ersatz für Gemüse in der Zeit des Monsuns und als Proteinlieferant. Sie werden in allen Regionen Indiens von Arm und Reich gern gegessen, wobei es in der Art der Zubereitung und in der Wahl der Hülsenfrüchte große regionale Unterschiede gibt.

Dieses simple Rezept habe ich auf einer der zahlreichen Partys bei einer Freundin kennen gelernt. Es ist äußerst vielseitig, da man praktisch jedes Gemüse dafür verwenden kann. Besonders geeignet sind herbstliche Gemüse wie Karotten oder Sellerie. Kartoffeln erhöhen den Sättigungsfaktor zusätzlich.

Dal Indischer Linsen-Eintopf mit Gemüse

Zutaten:

750 g rote Linsen
4 Zwiebeln
9 Knoblauchzehen
Öl oder Ghee
2 kg gemischtes Saison-Gemüse
zum Beispiel Kartoffeln, Sellerie, Karotten, Kohlrabi, Erbsen etc.

6 TL Zitronensaft
5–6 grüne Chilis
½ l Kokosmilch
2 TL Gelbwurz
4 TL Garam Masala
4 TL gemahlener Kreuzkümmel
2 große Dosen Tomaten

Zubereitung:

→ Die Linsen waschen, Verunreinigungen entfernen und etwa 30 Minuten in Wasser einweichen.

→ Zwiebeln und Knoblauch schälen und fein hacken. Öl im 9-Liter-Topf erhitzen, Zwiebeln und Knoblauch darin andünsten.

→ Nun nach und nach das Gemüse putzen, schneiden und mit den Zwiebeln mitdünsten.

Beachten Sie dabei die unterschiedliche Garzeit der Gemüsesorten, ohne sich aber allzu viel Stress zu machen. Tiefkühl-Gemüse sowie Gemüse, das kaum gekocht werden muss, erst ganz zum Schluss zufügen, wenn die Linsen schon fast weich sind.

→ Abgetropfte Linsen, Zitronensaft, in Ringe geschnittene Chilis, Kokosmilch, restliche Gewürze und gehackte Tomaten hinzufügen. Mit etwa 3 Liter Wasser aufgießen, zum Kochen bringen und kochen, bis die Linsen weich sind. Gelegentlich umrühren.

→ Den Eintopf mit Salz und Pfeffer abschmecken und mit indischem Fladenbrot servieren.

Aloo Gobhi

Kartoffel-Karfiol-Curry

Zutaten:

½ kg fest kochende Kartoffeln
½ kg Karotten
1 Karfiol
Öl oder Ghee
4 TL Kreuzkümmelsamen
2 TL gemahlener Kreuzkümmel
4 EL gemahlener Koriander
2 TL Gelbwurz
2 TL Chilipulver
6 Tomaten
200 g Mungdal
geschälte, gespaltene Mung-Bohnen
½ kg Erbsen
Salz

Küchenindisch:
Aloo ist die indische Bezeichnung für Kartoffeln. Gobhi steht für unterschiedliche (botanisch verwandte) Gemüse wie Karfiol (Blumenkohl), Kraut und Kohl.
In diesem Rezept wird Karfiol verwendet. Auf Seite 139 finden Sie eine Variation dieses beliebten Gerichts mit Kohl.

Dekoration:

Joghurt
3 EL gehackte Korianderblätter

Zubereitung:

→ Kartoffeln und Karotten schälen und würfeln. Vom Karfiol die kleinen Röschen abschneiden und waschen. Den Strunk grob schneiden. Gemüse beiseite stellen.

→ Öl oder Ghee im 9-Liter-Topf erhitzen, Kreuzkümmel darin etwa 20 Sekunden dunkelbraun rösten. Gemahlenen Kreuzkümmel, Koriander, Gelbwurz und Chilipulver zugeben und umrühren.

→ Kartoffeln, Karotten und die Stücke vom Karfiol-Strunk beifügen und etwa 5 Minuten anschmoren. Tomaten fein hacken, zugeben und weiterschmoren lassen. Mit Wasser aufgießen, Mungdal beifügen und zugedeckt etwa 10 Minuten köcheln lassen. Karfiolröschen zugeben, nach 5 Minuten auch die Erbsen, und weitere 5 Minuten kochen.

→ Mit Salz abschmecken und mit einem Klecks Joghurt und gehackten Korianderblättern garniert servieren.

Gobhi Mattar

Kraut-Erbsen-Curry

Zutaten:

2 kleine Krautköpfe
1 kg fest kochende Kartoffeln
Öl oder Ghee
9 Lorbeerblätter
2 TL Gelbwurz
4 TL gemahlener Kreuzkümmel
Salz
Zucker
4 grüne Chilis
8 Tomaten
Tomatenmark
1 kg Erbsen

Dekoration:

1 Becher Joghurt
Cayennepfeffer

Kücheníndísch:
Gobhí kennen Síe ja nun bereíts als Karfíol (Blumenkohl). Híer íst aber Kraut gemeínt. Mattar sínd Erbsen.

Zubereitung:

→ Vom Kraut die äußeren Blätter entfernen, das Kraut vierteln, die Strünke schräg herausschneiden, die Viertel nochmals der Länge nach halbieren und die entstandenen Achtel in feine Streifen schneiden. Die Kartoffeln schälen und in Würfel schneiden. Beides beiseite stellen.

Wenn Sie wenig Platz zum Zwischenlagern haben, können Sie auch zunächst nur die Hälfte des Krauts und der Kartoffeln vorbereiten und den Rest dann nach und nach zugeben.

→ Öl oder Ghee im 9-Liter-Topf erhitzen und die Lorbeerblätter darin etwa eine Minute anbraten. Dann die Krautstreifen und Kartoffelwürfel zugeben und unter ständigem Rühren einige Minuten mitbraten lassen. Alles mit etwas Wasser aufgießen, sodass der Eintopf knapp bedeckt ist, und aufkochen lassen.

Anfangs sieht es sehr voll im Topf aus. Aber keine Sorge, Kraut fällt beim Kochen zusammen. Wenn Sie zunächst nur einen Teil des Gemüses geschnitten haben, ist nun der richtige Zeitpunkt, sich um den Rest zu kümmern.

→ Mit Gelbwurz, Kreuzkümmel, Salz und – nach Geschmack – Zucker würzen. Chilis waschen und mit der Küchenschere direkt über dem Topf in feine Ringe schneiden. Tomaten waschen, vom Stielansatz befreien, würfelig schneiden und zugeben. Das Curry mit etwas Tomatenmark abschmecken und alles etwa 15 Minuten köcheln lassen.

→ Zum Schluss noch die Erbsen zugeben und etwa 10 Minuten weiter garen, bis das Gemüse weich ist. Hin und wieder umrühren.

→ Mit einem Klecks Joghurt und einem Hauch Cayennepfeffer dekoriert servieren.

Aloo Gobhi Variante

Kartoffel-Kohl-Curry

Zutaten:

4 Zwiebeln
Öl oder Ghee
1 großes Stück Ingwer
1 ½ kg fest kochende Kartoffeln
2 Kohlköpfe
1 kg Tomaten
3 TL Gelbwurz
3 TL gemahlener Kreuzkümmel
3 TL gemahlener Koriander
1 TL Zimt
Chilipulver nach Geschmack
Salz
½ l Joghurt

Zubereitung:

> Küchenindisch: In diesem Rezept steht das „Gobhi", wie Sie sehen, für Kohl.

→ Zwiebeln schälen und würfelig schneiden. Öl oder Ghee im 9-Liter-Topf erhitzen und die Zwiebelwürfel darin goldgelb anrösten. Ingwer schälen, fein hacken und ebenfalls mitrösten.

→ In der Zwischenzeit die Kartoffeln schälen und in mundgerechte Stücke schneiden. Zu den Zwiebeln geben, kurz mitrösten und dann mit etwas Wasser löschen.

→ Vom Kohl die äußeren Blätter entfernen. Den Rest in feine Streifen schneiden und ebenfalls beifügen. Das sieht im ersten Moment sehr viel aus, aber der Kohl fällt beim Kochen – ähnlich wie Kraut – zusammen.

→ Nun die Tomaten waschen, von den Stielansätzen befreien, würfelig schneiden und zufügen. Mit Gelbwurz, Kreuzkümmel, Koriander, Zimt, Chilipulver und Salz würzen, alles aufkochen lassen und köcheln, bis die Kartoffeln weich sind.

→ Joghurt unterrühren und nochmals erhitzen, aber nicht mehr kochen lassen. Sofort servieren.

Kath Katha Gemüsecurry

Für dieses Rezept benötigen Sie neben dem 9-Liter-Topf noch eine Pfanne zum Anbraten der Gewürze. Außerdem wäre ein leistungsstarker Standmixer zum Pürieren der Gewürze vorteilhaft. Zur Not kann man auch den Stabmixer verwenden. Es ist nicht ganz unkompliziert, aber der Aufwand lohnt sich allemal.

Zutaten:

12 Zwiebeln
Öl oder Ghee
8 grüne Chilis
6 EL Koriandersamen
1 EL Gewürznelken
1 Hand voll Pfefferkörner
3 Zimtstangen
12 EL Kokosflocken
3 TL Senfkörner
3 TL Kreuzkümmelsamen
1 TL Asant
1 TL Gelbwurz
6 Lorbeerblätter
1 Sellerieknolle
1 kg fest kochende Kartoffeln
1 kg Karotten
1 kg Erbsen
1 Msp. Muskat
Salz
Zitronensaft

Menüvorschlag:
Als Vorspeise eignet sich eine leichte indische Suppe wie die „Limonensuppe aus Hyderabad" von Seite 64.
Servieren Sie zum Curry Reis, den Sie mit Safran und Zitronensaft abschmecken, sowie ein Spinat- oder Tomaten-Raita (Rezepte siehe Seite 165 und 166).

Zubereitung:

→ Die Zwiebeln schälen und die Hälfte davon in feine Scheiben schneiden. In der Pfanne etwas Öl oder Ghee erhitzen. Chilis waschen und mit der Küchenschere direkt in die Pfanne schneiden. Koriandersamen, Gewürznelken, Pfefferkörner in kleine Stücke gebrochene Zimtstangen und Kokosflocken anrösten. Zwiebelscheiben und etwas Wasser zugeben, alles vom Feuer nehmen und – am besten im Standmixer – pürieren. Beiseite stellen.

→ Die restlichen Zwiebeln fein hacken. Öl oder Ghee im 9-Liter-Topf erhitzen. Senfkörner, Kreuzkümmel, Asant und Gelbwurz zugeben und kurz anbraten, bis die Senfkörner zu springen beginnen. Dann die Zwiebelwürfel und die Lorbeerblätter zugeben und etwa 20 Minuten dunkel anschwitzen.

→ Unterdessen das Gemüse schälen und in kleine Würfel schneiden.

→ Wenn die Zwiebelwürfel eine zufrieden stellende Farbe angenommen haben, die Gewürzpaste aus dem Standmixer zugeben, Muskat beifügen und alles nochmal 10 Minuten köcheln lassen.

→ Das Gemüse in der Reihenfolge der benötigten Garzeit (Sellerie, Kartoffeln, Karotten und ganz zuletzt die Erbsen) zugeben, mit Wasser aufgießen und bei niedriger Temperatur garen lassen.

→ Salzen und mit Zitronensaft abschmecken.

Palak Aloo Mattar

Spinat mit Kartoffeln und Erbsen

Zutaten:

4 Zwiebeln
Öl oder Ghee
1 Hand voll gehackte Nüsse
2 TL Kreuzkümmelsamen
1 TL Gelbwurz
3 TL Garam Masala
¼ kg fest kochende Kartoffeln
½ kg Karotten
100 g Mungdal
geschälte, gespaltene Mungbohnen

4 grüne Chilis
1 großes Stück Ingwer
1 Mango
¾ kg Spinat
½ kg Erbsen
Salz
Zitronensaft

Dekoration:

Joghurt

Küchenindisch: Aloo und Mattar haben Sie bereits kennen gelernt (siehe Seite 136, 139 und 142). Palak ist der Spinat.

Zubereitung:

→ Zwiebeln schälen und fein würfeln. Öl oder Ghee im 9-Liter-Topf erhitzen und Zwiebeln, Nüsse, Kreuzkümmel, Gelbwurz und Garam Masala darin anbraten.

→ In der Zwischenzeit die Kartoffeln schälen und würfeln und ebenfalls kurz mitrösten. Karotten schälen und in Scheiben schneiden. Kartoffeln, Karotten und Mungdal zugeben, alles mit Wasser bedecken, würzen und zum Kochen bringen.

→ Chilis waschen und mit der Küchenschere direkt in den Topf schneiden. Ingwer schälen und fein hacken. Den Eintopf zugedeckt etwa 15 Minuten köcheln lassen.

→ Mango schälen und würfeln. Spinat, Erbsen und Mangos zugeben, gut umrühren und sanft weiterkochen, bis die Kartoffeln gar sind.

→ Mit Salz und Zitronensaft abschmecken und mit einem Klecks Joghurt servieren.

Zucchini-Auberginen-Kichererbsen-Sabji

„Sabji" oder „Sabzi" bezeichnet im Indischen ein Gemüsegericht

Zutaten:

½ kg Zwiebeln
3–5 Knoblauchzehen
Öl oder Ghee
6 grüne Chilis
2 kg Zucchini
1 kg Auberginen
3 TL Gelbwurz
2 EL gemahlener Kreuzkümmel
2 EL gemahlener Koriander
3 EL Garam Masala
Salz
Pfeffer
3 kleine Dosen Tomaten
2 große Dosen Kichererbsen
1 Becher Sauerrahm
1 Becher Joghurt
6 EL gehackte frische Minze

(Sollten Sie keine frischen Kräuter bekommen, können Sie auch getrocknete verwenden oder – im Zweifelsfall – sogar ein paar Säckchen Pfefferminztee aufschneiden.)

Zubereitung:

→ Zwiebeln und Knoblauch schälen und fein hacken. Öl oder Ghee im 9-Liter-Topf erhitzen und Zwiebeln und Knoblauch darin anbraten. Chilies waschen, mit der Küchenschere direkt in den Topf schneiden und mitrösten.

→ Zucchini waschen und in Streifen schneiden. Mit den Zwiebeln auf kleiner Flamme mitrösten.

→ Auberginen waschen und in Würfel schneiden. Ebenfalls etwa 5 Minuten mitrösten lassen, dann die Gewürze zugeben und mit den Tomaten löschen.

→ Mit Wasser aufgießen, bis das Gemüse fast bedeckt ist, aufkochen und 10 Minuten köcheln lassen.

→ Die Kichererbsen unter fließendem Wasser abspülen, abtropfen lassen und zum Gemüse geben. Weitere 5 Minuten köcheln lassen.

→ Sauerrahm und Joghurt mit etwas Flüssigkeit aus dem Topf gut verquirlen und zugeben. Alles gut durchrühren.

Thailändisches Schweinecurry

Zutaten:

1 kg Zwiebeln
8 Knoblauchzehen
Öl
12 grüne Chilis
1 Hühnerei-großes Stück Ingwer
4 Sternanis
8 Gewürznelken
4 Zimtstangen
1 l Kokosmilch
4 Stangen Zitronengras
2 kg mageres Schweinefleisch
2 kg fest kochende Kartoffeln
¾ kg Kohlsprossen
¾ kg Tiefkühl-Erbsen
Salz
Pfeffer

Zubereitung:

→ Zwiebeln schälen, grob hacken und danach in einer großen Rührschüssel oder einem kleinen Topf mit dem Stabmixer pürieren. Knoblauch schälen.

→ Öl im 9-Liter-Topf erhitzen, Zwiebelbrei und die durch die Knoblauchpresse gepressten Knoblauchzehen dazu geben.

→ Chilis waschen und mit der Küchenschere direkt über dem Topf in feine Ringe schneiden. Ingwer schälen, fein hacken und zum Zwiebelbrei geben. Mit Sternanis, Gewürznelken und Zimtstangen würzen und alles einige Minuten dünsten. Mit Kokosmilch löschen.

→ Zitronengras waschen, in etwa 5 cm lange Stücke schneiden und ebenfalls zugeben.

→ Das Fleisch von Fett und Sehnen befreien und in mundgerechte Stücke schneiden. Zur Kokossuppe geben, eventuell mit etwas Wasser aufgießen und alles zum Kochen bringen. Etwa 1 Stunde köcheln lassen.

→ In der Zwischenzeit die Kartoffeln schälen und würfelig schneiden. Weitere 30 Minuten mitkochen lassen. Kurz vor Ende der Garzeit die Kohlsprossen und Erbsen zugeben.

→ Den Eintopf mit Salz und Pfeffer abschmecken und heiß servieren.

Erdnuss-Suppe

Zutaten:

3 Zwiebeln
4 Knoblauchzehen
Öl
1 kg fest kochende Kartoffeln
½ kg Karotten
6 Selleriestangen
3 Paprika (grün, gelb, rot)
1 große Dose Mais
1 Packung Tiefkühl-Erbsen
6 rote Chilis
350 g Erdnussbutter
300 ml Kokosmilch
Salz
Pfeffer
Bockshornkleesamen
2 Zitronen

Dekoration:

300 g geröstete Erdnüsse

Zubereitung:

→ Zwiebeln und Knoblauch schälen. Zwiebeln fein hacken. Öl im 9-Liter-Topf erhitzen, Zwiebeln darin anschwitzen und die Knoblauchzehen durch die Knoblauchpresse direkt in den Topf pressen.

→ Von den Kartoffeln etwas mehr als die Hälfte schälen und würfeln. Karotten schälen und in Scheiben schneiden. Kurz mitrösten.

→ Sellerie waschen, die harten äußeren Fasern abziehen, in mundgerechte Stücke schneiden und ebenfalls mitrösten. Zuletzt die Paprika waschen, halbieren, Kerne und weiße Wände entfernen und klein würfeln. Zum Gemüse zugeben und mit etwa 2 ½ l Wasser aufgießen.

→ Mais abtropfen lassen und mit den Erbsen und den in Ringe geschnittenen Chilis in den Topf geben. Die restlichen Kartoffeln schälen und in den Topf reiben. Die Erdnussbutter zufügen und alles unter Rühren bei schwacher Hitze etwa 15 Minuten köcheln lassen.

→ Kokosmilch unterrühren und den Eintopf mit Salz, Pfeffer, Bockshornkleesamen und Zitronensaft abschmecken.

→ Die Erdnüsse grob hacken und zum Servieren über die Suppe streuen.

Achtung: Durch die Erdnussbutter und die Erdnüsse ist dieses Gericht sehr, sehr sättigend.

Japanische Gemüsesuppe

mit Huhn

Zutaten:

32 Shiitake-Pilze
1 kg Hühnerbrust
Öl
1 kg Rettich
1 kg Karotten
4 Bund Frühlingszwiebeln
200 g Basmatireis
8 grüne Chilis
10 Zitronenblätter
(aus dem Asia-Shop)
½ kg Tofu
1 kg Erbsen
Sojasauce
Salz
Zitronensaft
Zucker

Für eine vegetarische Variante dieses Gerichts ersetzen Sie einfach das Huhn durch mehr Tofu oder Gemüse Ihrer Wahl.

Zubereitung:

→ Die getrockneten Shiitake-Pilze mindestens eine Stunde in Wasser einweichen.

→ Das Huhn in kleine Würfel schneiden. Öl im 9-Liter-Topf erhitzen und die Hühnerwürfel darin anbraten. Hitze reduzieren.

→ Nun den Rettich und die Karotten schälen. Den Rettich der Länge nach vierteln und in Würfel schneiden. Die Karotten der Länge nach halbieren und schräg in dünne Scheiben schneiden. Die Frühlingszwiebeln waschen, putzen und in feine Ringe schneiden. Das Gemüse und den Reis zum Fleisch geben, kurz anschwitzen lassen und dann mit reichlich Wasser löschen.

Der Reis soll sich beim Kochen völlig auflösen. Er dient nur zum Binden der Suppe. Daher unbedingt eine rasch weich kochende Sorte wie Basmati-Reis verwenden. Sollten Sie noch etwas gekochten Reis vom Vortag übrig haben, verwenden Sie diesen!

→ Die Chilis waschen und mit der Küchenschere direkt über dem Topf in feine Ringe schneiden. Zitronenblätter zufügen und alles zum Kochen bringen.

→ Die einweichten Pilze abtropfen lassen, eventuell zerkleinern und ebenfalls zur Suppe geben. Etwa 15 Minuten köcheln lassen.

→ In der Zwischenzeit den Tofu in etwa 1 cm große Würfel schneiden. Tofu und Erbsen zufügen, mit Sojasauce, Salz, Zitronensaft und eventuell etwas Zucker abschmecken und nochmals etwa 5 Minuten ziehen lassen.

Reissuppe mit Limetten und Huhn

Zutaten:

1 kg Hühnerbrust
Öl
4 Zwiebeln
1 kg Karotten
½ kg Zucchhini
½ kg rote Paprika
600 g Risottoreis
¼ l Weißwein
6 grüne Chilis
4–6 Limetten
Sojasauce
Salz

Für eine vegetarische Variante dieses Gerichts ersetzen Sie das Huhn durch Tofu oder Seitan (siehe Rezept auf Seite 157).

Zubereitung:

→ Die Hühnerbrüste säubern, Äderchen und Sehnen entfernen. Öl im 9-Liter-Topf erhitzen und die Hühnerbrüste darin portionsweise beidseitig je 5 Minuten anbraten. Das Fleisch in einer Schüssel zugedeckt beiseite stellen.

→ Die Zwiebeln schälen und in Würfel schneiden. Im restlichen Öl bei kleiner Hitze anschwitzen. (Eventuell noch etwas Öl zugeben.)

→ Die Karotten schälen und mit dem Sparschäler in lange, dünne Streifen hobeln. Die Zucchini waschen und in ebenso dünne Scheiben schneiden. Die Paprikaschoten halbieren, Kerne und weiße Wände entfernen, und in kleine Würfel schneiden.

→ Den Reis zu den Zwiebeln geben, kurz weiter schwitzen lassen und mit dem Weißwein und reichlich Wasser löschen.

→ Die Chilis waschen und mit der Küchenschere direkt über dem Topf in feine Ringe schneiden. Alles aufkochen und auf kleiner Flamme köcheln lassen.

→ Die vorbereiteten Hühnerbrüste in Scheiben schneiden. Etwa fünf Minuten vor Ende der Garzeit des Reises (Angabe auf der Verpackung beachten) das Gemüse und die Hühnerscheiben zum Eintopf geben. Alles bissfest garen.

→ Den Eintopf mit Limettensaft, Sojasauce und Salz abschmecken.

Chinesische Gemüsesuppe

Zutaten:

500 g Reisnudeln
2 Bund Frühlingszwiebeln
1 Hühnerei-großes Stück Ingwer
6 Knoblauchzehen
3 grüne Chilis
Öl
1 Kohlkopf
2 rote Paprika
1 Tasse Sojasprossen (à 200 g)
1 Tasse Zuckerschoten (à 200 g)
1 Tasse Cocktailtomaten (à 250 g)
Sojasauce
Salz
Essig
½ kg Karotten

Dekoration:

Sesamkörner

Zubereitung:

→ Die Reisnudeln in kaltes Wasser einlegen. Achten Sie dabei auf die Angaben auf der Verpackung.
→ Zwiebeln schälen und in feine Ringe schneiden. Ingwer und Knoblauch schälen und fein hacken. Die Chilis waschen und mit der Küchenschere in feine Ringe schneiden. Öl im 9-Liter-Topf erhitzen und Zwiebeln, Ingwer, Knoblauch und Chiliringe darin scharf anbraten. Mit reichlich Wasser löschen und aufkochen lassen.
→ Vom Kohl die äußeren Blätter entfernen, den Rest in feine Streifen schneiden und zur Suppe geben. Paprika waschen, von Kerngehäusen und weißen Wänden befreien, würfelig schneiden und ebenfalls zugeben.
→ Sojasprossen, Zuckerschoten und Cocktailtomaten waschen und nach und nach zugeben. Reisnudeln abtropfen lassen und ebenfalls beifügen. Das Gemüse bissfest garen.
→ Den Eintopf mit Sojasauce, Salz und eventuell etwas Essig abschmecken. Zum Schluss noch die Karotten schälen und mit dem Sparschäler der Länge nach in ganz feine Streifen schneiden. Erst kurz vor dem Servieren beifügen. Die Karottenstreifen brauchen nur etwa ½ Minute, um bissfest zu garen.
→ Die Suppe mit Sesamkörnern bestreut servieren.

TOM KA GAI

Thailändische Hühner-Gemüse-Suppe

Zutaten:

1 l Kokosmilch
3 Knoblauchzehen
1 Hühnerei-großes Stück Ingwer
4 Stangen Zitronengras
8 grüne Chilis
12 Zitronenblätter
aus dem Asia-Shop
1 ½ kg Hühnerbrust
½ kg Karotten
½ kg Kohlsprossen (Rosenkohl)
½ kg Champignons
½ kg Tiefkühl-Erbsen
1 Tassen Sojasprossen (à 200 g)
½ kg Cocktailtomaten
Salz
Zitronensaft

Beim Thailänder meines Vertrauens wird dieses Gericht mit einer kleinen Schüssel Reis serviert, von dem man jeweils etwas auf den Löffel nimmt, bevor man ihn in die Suppe taucht. So wird aus dem Eintopf eine sättigende Hauptmahlzeit.

Zubereitung:

→ Kokosmilch mit gut 2 Litern Wasser im 9-Liter-Topf erhitzen. Unterdessen Knoblauch und Ingwer schälen, fein hacken und zugeben.

Am besten gelingt dies mit einer Kräuterwiege. Knoblauch und Ingwer erst mit einem scharfen Messer in kleine Würfel schneiden und dann mit der Kräuterwiege weiter bearbeiten. Zur Not tut es aber auch ein scharfes Messer, das Sie durch Festhalten an der Spitze der Schneide halbkreisförmig über das zu hackende Gut führen und dabei auf- und abwiegen.

→ Zitronengras waschen und in etwa 5 cm lange Stücke schneiden. Ebenfalls zur Kokos-Wasser-Mischung geben. Chilis waschen und mit der Küchenschere direkt über dem Topf in Ringe schneiden. Zuletzt die Zitronenblätter zugeben und alles aufkochen lassen.

→ In der Zwischenzeit das Hühnerfleisch in mundgerechte Stücke schneiden. Zugeben und nochmals aufkochen lassen.

→ Nun kommt nach und nach das Gemüse dazu. Zuerst die Karotten schälen, in Scheiben schneiden und beifügen. Danach die Kohlsprossen zufügen.

→ Die Champignons putzen, schälen und in feine Scheiben schneiden. Das dauert etwas länger, was den Karotten den benötigten Vorsprung verschafft. Zeitgleich mit den Erbsen zugeben.

→ Zum Schluss die Sojasprossen und die Cocktailtomaten abspülen und ebenfalls beifügen. Alles etwa 5 Minuten köcheln lassen, bis Fleisch und Karotten weich sind. Mit Salz und Zitronensaft abschmecken.

Scharfe Suppe mit Mais und Glasnudeln

Zutaten:

120 g Glasnudeln
4 Knoblauchzehen
1 Hühnerei-großes Stück Ingwer
Öl
4 Karotten
250 g Champignons
3 Lauchstangen
3 Paprika (rot, gelb, orange)
1 Tasse Sojasprossen (à 200 g)
1 Tasse Zuckererbsen-Schoten (à 200 g)
1 große Dose Mais
Chilipulver
Salz
16 EL Sojasauce
8 EL Essig
Zitronensaft

Zubereitung:

→ Die Glasnudeln in eine Schüssel geben, mit kochendem Wasser übergießen und etwa 15 Minuten quellen lassen.

→ Knoblauch und Ingwer schälen und fein hacken. Öl im 9-Liter-Topf erhitzen und Knoblauch und Ingwer kurz darin anbraten.

→ Karotten schälen und in feine Streifen schneiden, Champignons putzen und feinblättrig schneiden. Lauch waschen, putzen und in Ringe schneiden. Das Gemüse 1 bis 2 Minuten mit der Knoblauch-Ingwer-Mischung mitbraten. Mit reichlich Wasser löschen.

→ Paprika, Sojasprossen und Zuckererbsen-Schoten waschen. Paprika halbieren, Kerne und weiße Wände entfernen. Paprika kleinwürfelig schneiden. Mais mit kaltem Wasser abspülen. Alles zur Suppe geben, kurz aufkochen und 10 Minuten köcheln lassen.

→ Die Glasnudeln in einem Sieb abtropfen lassen, mit der Küchenschere zerkleinern und in die Suppe geben. Mit Chilipulver, Salz, Sojasauce, Essig und Zitronensaft abschmecken.

Gemüse-Reis-Eintopf

Zutaten:

3 Zwiebeln
Öl
6 Lorbeerblätter
Thymian
Pfeffer
3 große Zucchini
3 große gelbe Paprika
2 kg Tomaten
¼ kg Basmati-Reis
Salz

Zubereitung:

→ Zwiebeln schälen und fein hacken. Öl im 9-Liter-Topf erhitzen und Zwiebeln, Lorbeerblätter, Thymian und frisch gemahlenen Pfeffer darin anrösten.

→ Zucchini und Paprika waschen, klein würfelig schneiden und zugeben. Zum Schluss die Tomaten waschen, würfeln und ebenfalls kurz mit anbraten. Jetzt den Basmati-Reis zum Gemüse geben und sofort mit Wasser aufgießen.

→ Es ist wichtig, dass man Basmati-Reis verwendet, da dieser besonders rasch gar ist. Sonst könnte das Gemüse pampig werden, bevor der Reis weich ist.

→ Den Eintopf salzen und köcheln lassen, bis der Reis weich ist. Hin und wieder umrühren und falls notwendig noch Flüssigkeit zugeben.

→ Zum Schluss noch einmal gut umrühren und den Gemüse-Reis-Eintop nach Geschmack nachwürzen.

Auf den nächsten Seiten folgen noch enige Beilagen für Ihre Suppen und Eintöpfe.

Beilagen

Seitan (auch: Mianjin, Weizengluten) ist ein Produkt aus Weizeneiweiß (Gluten) mit fleischähnlicher Konsistenz. Es stammt aus der chinesischen Küche und wurde ursprünglich von vegetarisch lebenden Mönchen entwickelt.

Zur Herstellung von Seitan wird Weizenmehl mit Wasser zu einem Teig verknetet und anschließend in Wasser ausgewaschen, wodurch dem Teig nach und nach ein Großteil der Stärke entzogen wird und eine zähe, glutenreiche Masse zurückbleibt. Alternativ zu Weizemehl kann auch Glutenmehl verwendet werden, bei dem bereits Stärke und Gluten voneinander getrennt wurden, sodass das Auswaschen entfällt.

Seine fleischartige Konsistenz erhält Seitan durch kurzes Kochen in einer Marinade aus Sojasauce, die auch nach Belieben gewürzt werden kann.

Man kann Seitan zum Beispiel zu Faschiertem (Hackfleisch) hacken, in Scheiben schneiden und wie Schnitzel panieren und ausbacken, würfelig im Wok braten oder zu Gulasch verarbeiten. Es kann auch tiefgekühlt aufbewahrt werden.

Seitan

Seitan ist im Biomarkt zwar erhältlich, aber sehr teuer. Billiger – wenn auch etwas mühsam – ist es, ihn selbst herzustellen.

Zutaten:

1 kg glattes Weizenmehl
¼ l Sojasauce

Zubereitung:

→ Das Weizenmehl mit 600 ml Wasser in einer großen Rührschüssel etwa 10 Minuten zu einem geschmeidigen Teig kneten.
→ Anschließend die Schüssel mit Wasser auffüllen, bis der Teig komplett bedeckt ist, und mindestens 30 Minuten ruhen lassen.

Man könnte ja meinen, ein Teig, der nur aus Wasser und Mehl besteht, würde sich im Wasserbad auflösen. Tut er aber nicht. Nur die Stärke löst sich aus dem Teig.

→ Nach dieser Ruhezeit geht es erst richtig los: Der Teig wird nun im Wasser geknetet und geknetet und geknetet, bis unter mehrmaligem Wasserwechsel die ganze milchige Stärke ausgewaschen ist und das Wasser klar bleibt. Das dauert gute 30 Minuten bei oftmaligem Wasserwechsel!
→ In einem mittelgroßen Topf etwa 2 Liter Wasser mit der Sojasauce zum Kochen bringen und den ausgewaschen Teig darin etwa 10 Minuten stark kochen, dann auf kleiner Flamme weitere 30 Minuten köcheln lassen.
→ Den nun fertigen Seitan im Sojasud erkalten und zwei Tage ziehen lassen. Danach aus dem Sud nehmen und einfrieren oder gleich verarbeiten.

Ergibt etwa 600 g Seitan.

CHUTNEYS & PICKLES

Kaum eine indische Mahlzeit, bei der nicht ein würziges Chutney oder Pickles serviert würden. In Indien werden die meisten Chutneys zu jeder Mahlzeit frisch zubereitet. Erst als die Engländer diese Köstlichkeiten in der Kolonialzeit nach Europa brachten, wurde es üblich, Chutneys und Pickles in Gläser zu füllen und haltbar zu machen.

Mango-Chutney

Zutaten:

1–2 grüne, rohe Mangos (etwa 600 g)
½ Bund frische Minze
2 TL gemahlener Kreuzkümmel
2 EL gemahlener Koriander
1 Msp. Cayennepfeffer
1 Msp. Nelkenpulver
1 Msp. Muskat
1 Msp. getrocknetes Ingwerpulver
1 TL Salz
1 EL Zucker

Zubereitung:

→ Mangos schälen, entkernen und das Fruchtfleisch in 1 cm große Stücke schneiden. Minze waschen und die Blätter abzupfen. Die Stiele entsorgen.

→ Alle Zutaten in der Küchenmaschine oder mit dem Stabmixer pürieren und mit Salz und Zucker abschmecken.

→ Das Chutney in kleine Schüsseln füllen und vor dem Servieren gut kühlen..

Dieses Chutney sollte nicht länger als einige Stunden vor dem Servieren zubereitet werden, da es sonst das Aroma verliert!

Karotten-Chutney

Zutaten:

½ kg Karotten
Öl
½ TL schwarze Senfkörner
1–2 grüne Chilis
Salz

Zubereitung:

→ Karotten schälen und raspeln.

→ Öl in einem kleinen Topf erhitzen, die Senfkörner zugeben und mit einem Deckel abdecken, da die Senfkörner sonst herausspringen würden.

→ Chilis waschen und sobald die Senfkörner grau anlaufen mit der Küchenschere in den Topf schneiden. Karottenraspeln zufügen und alles unter ständigem Rühren etwa 5 Minuten anrösten. Vom Herd nehmen, salzen und leicht abkühlen lassen.

→ Das Chutney in kleine Schüsseln füllen und zugedeckt im Kühlschrank kühlen.

Dieses Chutney kann mehrere Stunden im Voraus zubereitet und im Kühlschrank kalt gestellt werden.

Scharfes Tomaten-Chutney

Zutaten:

½ kg reife Tomaten
8 kleine Knoblauchzehen
6–8 grüne Chilis
Öl
½ TL gemahlener Kreuzkümmel
1 TL Paprikapulver
Salz

Dieses Chutney kann im Kühlschrank gut eine Woche aufbewahrt werden. Es lässt sich auch sehr gut einfrieren.

Zubereitung:

→ Die Tomaten waschen, trocknen und in ½ cm dünne Spalten schneiden. Den Knoblauch schälen und die Chilis waschen.

→ Öl in einem kleinen Topf erhitzen und den Kreuzkümmel darin etwa 10 Sekunden anrösten. Knoblauch und Chilis im Ganzen zugeben und etwa 1 Minute anbraten. Dann die Tomatenstücke beifügen, mit Paprikapulver und Salz würzen und 2–3 Minuten schmoren lassen.

→ Die Hitze reduzieren und alles offen etwa 1 Stunde zu einer dicken Soße einkochen lassen. Dabei gelegentlich vorsichtig umrühren.

→ Abkühlen lassen und bei Zimmertemperatur servieren.

→ Wer es noch schärfer mag, kann das Chutney zusätzlich mit Chilipulver würzen.

QUITTEN-CHUTNEY

Zutaten:

¾ kg Quitten
1 Zwiebel
2 Knoblauchzehen
½ Zitrone
1 TL Salz
¼ l Weißweinessig
¼ TL Nelkenpulver
2 TL Ingwerpulver
1 TL gemahlener Koriander
½ TL schwarzer Pfeffer
150 g Rosinen
¼ kg Zucker

Zubereitung:

→ Die Quitten schälen und vierteln, das Kerngehäuse entfernen und das Fruchtfleisch in kleine Stücke schneiden.

→ Zwiebeln, Knoblauch und die halbe Zitrone schälen und fein hacken.

→ Alle Zutaten zusammen in einen Topf geben und etwa 40 Minuten bei kleiner Hitze köcheln lassen. Dabei ab und zu umrühren.

→ Das Chutney in Einmachgläser füllen und gut verschließen.

Mit „Pickle" werden im Englischen pikant eingelegtes Gemüse oder Obst bezeichnet, bei dem die Zutaten – im Gegensatz zum Chutney – nicht oder nur grob geschnitten werden, sodass sie noch gut erkennbar bleiben.

Scharfes Zitronen-Pickle

Zutaten:

Öl
1–2 TL schwarze Senfkörner
1 TL Bockshornkleesamen
2 EL Cayennepfeffer
1 EL Gelbwurz
½ TL Asant
3 EL Salz
½ kg ungespritzte Zitronen

Zubereitung:

→ Öl in einem emailierten Topf erhitzen und die Senfkörner und Bockshornkleesamen darin anrösten. Deckel bereithalten, da die Senfkörner sonst aus dem Topf springen. Ab und zu umrühren.

→ Sobald die Senfkörner grau und die Bockshornkleesamen braun geworden sind, Cayennepfeffer, Gelbwurz und Asant gleichzeitig zugeben und 10 Sekunden anrösten.

→ Die Gewürze leicht abkühlen lassen und danach im Mörser fein zerstoßen. Salzen und beiseite stellen.

→ Die Zitronen unter kaltem Wasser abspülen und gut abtrocknen. Sie dürfen keinesfalls feucht bleiben, da sonst das Pickle verderben könnte. Die Zitronen in dünne Scheiben schneiden.

→ Etwas Öl im emailierten Topf stark erhitzen, dann die Kochplatte abdrehen. Sofort die Gewürzpaste zufügen, ein- bis zweimal umrühren und die Zitronenscheiben hinzufügen. Alles gut umrühren.

→ Das Pickle in sterilisierte Gläser umfüllen, gut abkühlen lassen und dann mit einem gut sitzenden Deckel verschließen.

→ Mindestens 15 Tage stehen lassen, dabei einmal täglich umrühren.

RAITAS Indische Joghurt-Salate

Raitas sind köstliche indische Joghurtsalate, die zu jedem pikanten Eintopf gut passen. Sie werden üblicher Weise mit Salz, Pfeffer, gemahlenem Kreuzkümmel und etwas Chilipulver gewürzt zu indischen Curries serviert. Am besten schmecken sie mit dem cremigeren griechischen Joghurt oder einer Mischung aus Joghurt und Sauerrahm.

Spinat-Raita

Zutaten:

1 kleine Packung Tiefkühl-Blattspinat
1 l griechisches Joghurt
oder
¾ l Joghurt und ¼ l Sauerrahm
Salz und Pfeffer
1 TL gemahlener Kreuzkümmel
1 Prise Chilipulver
15 Datteln
oder
1 Hand voll Rosinen

Zubereitung:

→ Den Spinat auftauen, kurz in heißem Wasser blanchieren, abtropfen lassen und in dünne Streifen schneiden.

→ Das Joghurt (mit dem Sauerrahm) aufschlagen und mit Salz, Pfeffer, gemahlenem Kreuzkümmel und Chilipulver würzen.

→ Die Datteln in dünne Streifen schneiden. Spinat und Datteln oder Rosinen unter die Joghurt-Mischung rühren.

→ In einer hübschen Schüssel anrichten und mit etwas Chili- oder Paprikapulver bestreut servieren.

Tomaten-Raita

Zutaten:

1 l griechisches Joghurt

oder

3/4 l Joghurt und 1/4 l Sauerrahm

Salz

Pfeffer

1 TL gemahlener Kreuzkümmel

1 Prise Chilipulver

4 große Tomaten

1/2 Zwiebel

Dekoration:

1 EL gehacktes Koriandergrün oder

1 EL gehackte Petersilie

Zubereitung:

→ Das Joghurt (mit dem Sauerrahm) aufschlagen und mit Salz, Pfeffer, gemahlenem Kreuzkümmel und Chilipulver würzen.

→ Die Tomaten waschen und fein hacken. Die halbe Zwiebel schälen und ebenfalls fein hacken. Beides unter die Joghurt-Mischung rühren und in einer hübschen Schüssel anrichten.

→ Mit Koriandergrün oder Petersilie bestreuen.

Wenn Sie pikante Joghurt-Salate mögen, aber Ihren Gästen nicht schon wieder griechisches Tsatsiki servieren möchten, sollten Sie einmal die indische Variante auf der nächsten Seite probieren!

Gurken-Raita

Zutaten:

1 kg Gurken (Salat- oder Feldgurken)
2 Tomaten
2 grüne Chilis
1 l griechisches Joghurt
oder
¾ l Joghurt und ¼ l Sauerrahm
Pfeffer
1 TL gemahlener Kreuzkümmel
2 EL gehackte Minze (frisch oder getrocknet)
Salz

Zubereitung:

→ Die Gurken schälen und halbieren. Die Kerne mit einem Löffel ausschaben und wegwerfen. Die Gurken in dünne Scheiben hobeln. Die Tomaten waschen und fein hacken. Die Chilis waschen, halbieren und entkernen. In sehr dünne Streifen schneiden.

Vorsicht beim Hantieren mit Chilis! Wenn Sie – wie ich – sehr empfindliche Hände haben, sollten Sie dazu dünne (Chirurgen-)Handschuhe tragen.

→ Das Joghurt (mit dem Sauerrahm) aufschlagen und mit Pfeffer, gemahlenem Kreuzkümmel und Minze würzen.

Wenn Sie dieses Raita vorbereiten möchten, können Sie die Gemüse- und Joghurt-Mischungen getrennt im Kühlschrank aufbewahren. Dem Aroma tut es sogar gut, wenn das Joghurt mit den Gewürzen eine Zeit lang rastet.

→ Vor dem Servieren Salz und Gemüse in die Joghurt-Mischung einrühren. Abschmecken und in einer hübschen Schüssel anrichten.

Bananen-Raita

Zutaten:

4 EL Mandelsplitter
4 EL Rosinen
1 l griechisches Joghurt
oder
¾ l Joghurt und ¼ l Sauerrahm
1 Prise gemahlener Kardamom
1 Msp. Muskat
Honig oder Zucker
2–3 reife Bananen

Zubereitung:

→ Mandelsplitter und Rosinen in einer kleinen Schüssel mit etwa ¼ Liter kochendem Wasser übergießen und 15 Minuten einweichen lassen. Danach abseihen.

→ Mandeln und Rosinen mit Joghurt (und Sauerrahm), Kardamom und Muskat in einer Schüssel vermischen. Mit Zucker oder Honig abschmecken.

→ Die Bananen schälen und in dünne Scheiben schneiden. Bananenscheiben vorsichtig unter die Joghurt-Mischung heben und zugedeckt im Kühlschrank rasten lassen.

→ Vor dem Servieren nach Wunsch mit Kardamom oder Muskat bestreuen.

Minze-Raita

Zutaten:

1 l griechisches Joghurt
oder
¾ l Joghurt und ¼ l Sauerrahm
3–4 Bund frische Minze
1 kleine Zwiebel
1 grüne Chilis
Salz

Zubereitung:

→ Joghurt mit dem Schneebesen aufschlagen.
→ Minze waschen, trocken tupfen, die Blätter abzupfen und fein hacken. Einige Blätter beiseite stellen.
→ Zwiebel schälen und in der Küchenmaschine sehr fein hacken.
→ Chilis halbieren, entkernen und ebenfalls sehr fein hacken.
→ Alle Zutaten unter das Joghurt mischen, salzen und einige Stunden kühl stellen.
→ Vor dem Servieren mit den ganzen Minze-Blättern garnieren.

Österreichisch-deutsches

Küchenlexikon

Debreziner	=	würzige Wurstspezialität aus Schweine- und Rindfleisch mit Paprikapulver
Einbrenn	=	Butter-Mehl-Schwitze
Faschiertes	=	Hackfleisch
Fisolen	=	Grüne Bohnen
Fleischhauer	=	Metzger
Frankfurter	=	Wiener Würstchen
Geselchtes	=	Kasseler, geräuchertes Fleisch
Graupen	=	Roll- oder Kochgerste
Karfiol	=	Blumenkohl
Karotten	=	Möhren, Gelbe Rüben
Kraut	=	Weißkohl
Kren	=	Meerrettich
Maroni	=	Edelkastanien
Rote Rübe	=	Rote Beete
Rotkraut	=	Blaukraut
Sauerkraut	=	Sauerkohl
Sauerrahm	=	saure Sahne, Schmand
Schlagobers	=	süße Sahne
Selchspeck	=	Räucherspeck
Semmel	=	Brötchen

Alle Rezepte von A bis Z

Ägyptische Linsensuppe ... 55
Aloo Gobhi
(Kartoffel-Karfiol-Curry) ... 136
Aloo Gobhi Variante
(Kartoffel-Kohl-Curry) ... 139
Altwiener Gulaschsuppe ... 75
Altwiener Krautsuppe ... 87
Andalusischer Bohnentopf ... 106
Apfel-Sellerie-Cremesuppe ... 40
Arabische Gemüsecremesuppe ... 51
Arabischer Kichererbsen-Eintopf
mit Spinat ... 123
Bananen-Raita ... 168
Bäuerliche Rote-Rüben-Suppe ... 45
Bunter Kartoffeleintopf mit Mais ... 86
Carrot Vichyssoise ... 34
Chili con Carne ... 124
Chili sin Carne ... 126
Chinesische Gemüsesuppe ... 149
Dal (Indischer Linsen-Eintopf
mit Gemüse) ... 135
Deftige Sauerkraut-Kartoffel-Suppe
... 49
Deftiger Bauerneintopf ... 83
Dillkartoffeln mit Frankfurter ... 92
Erdnuss-Suppe ... 145
Fisolengulasch ... 77
Gaich (Siebenbürger Krautsuppe) ... 46
Gemüse-Reis-Eintopf ... 153
Gobhi Mattar
(Kraut-Erbsen-Curry) ... 137
Gorgonzola-Rahm-Suppe
mit Birnen ... 94
Griechische Hirtensuppe ... 114
Grundrezept Gemüsesuppe ... 26
Grundrezept Hühnersuppe ... 28
Grundrezept Rindersuppe ... 29
Grüne Petersiliensuppe ... 48
Gurken-Raita ... 167
Hara Shorba
(Indische Erbsencremesuppe) ... 60
Irish Stew ... 127
Japanische Gemüsesuppe
mit Huhn ... 146
Karotten-Chutney ... 160
Karotten-Ingwer-Suppe ... 33
Kartoffelgulasch nach der
Christine-Nöstlinger-Methode ... 68
Kath Katha (Gemüsecurry) ... 140
Klausenburger Kraut ... 80
Kraut und Rüben ... 84
Kürbiscremesuppe
mit Ingwer und Kokos ... 36
Kürbisgulasch „Smashing Pumpkins“
... 78
Limonensuppe aus Hyderabad ... 64

Linsensuppe „Münzenzauber“ ... **122**
Maghreb-Eintopf ... **119**
Mango-Chutney ... **159**
Minestrone ... **111**
Minze-Raita ... **169**
Mullagatanni
(Indische Gemüsesuppe) ... **62**
Orangen-Linsensuppe ... **52**
Palak Aloo Mattar (Spinat mit
Kartoffeln und Erbsen) ... 142
Palak Shorva ... **57**
Pichelsteiner Eintopf ... **99**
Provenzalischer Eintopf ... **108**
Pseudo-Borschtsch
(Rote-Rüben-Eintopf) ... **91**
Quitten-Chutney ... **162**
Ratatouille
(Französischer Gemüsetopf) ... **110**
Reissuppe
mit Limetten und Huhn ... **148**
Rote-Rüben-Apfel-Suppe mit Kren ... **42**
Rotkraut-Apfel-Rahmsuppe ... **41**
Rotkraut-Eintopf ... **90**
Rumford-Suppe ... **96**
Sardischer Gemüseeintopf ... **104**
Sauerkraut-Gemüse-Eintopf ... **88**
Scharfe Paprika-Sauerkraut-Suppe ... **50**
Scharfe Suppe
mit Mais und Glasnudeln ... **152**
Scharfes Tomaten-Chutney ... **161**
Scharfes Zitronen-Pickle ... **163**
Seitan ... **157**
Sellerie-Birnen-Cremesuppe ... **38**
Sellerie-Kartoffel-Eintopf ... **82**
Serbische Bohnensuppe ... **102**
Sopa de ervilha com espinafre
(Portugiesischer Erbsen-Spinat-Eintopf)
... **105**
Spanischer Gemüseeintopf ... **101**
Spinat-Raita ... **165**
Suppengewürz ... **31**
Thailändisches Schweinecurry ... **144**
Tom Ka Gai (Thailändische
Hühner-Gemüse-Suppe) ... **150**
Tomaten-Eintopf
mit Kichererbsen ... **109**
Tomaten-Raita ... **166**
Türkischer Zucchini-Linsen-Eintopf
... **117**
Wiener Saftgulasch ... **72**
Zucchini-Auberginen-Kichererbsen-
Sabji ... **143**

Die Autorin:

Petra Hennrich, geboren 1969 in Wien, ist Grafikerin, systemische Coachin und Trainerin. Seit 2007 kocht sie im Jazzlokal ihres Freundes regelmäßig herzhafte, würzige Eintöpfe und Suppen für die Gäste. Dort, in der kleinen Küche des Lokals, entstand auch die Idee zum vorliegenden Kochbuch.